伴孩子成长的醇美心灵鸡汤丛书

孩子不听话，叛逆学校怎么办

孙向荣　主编

哈尔滨出版社

图书在版编目（CIP）数据

孩子不听话，叛逆学校怎么办 / 孙向荣主编. —— 哈尔滨 ：哈尔滨出版社，2021. 2

（伴孩子成长的醇美心灵鸡汤丛书）

ISBN 978－7－5484－5771－8

Ⅰ. ①孩… Ⅱ. ①孙… Ⅲ. ①少年儿童－家庭教育 Ⅳ. ①G782

中国版本图书馆 CIP 数据核字（2020）第 246255 号

书 名：孩子不听话，叛逆学校怎么办
HAIZI BU TINGHUA，PANNI XUEXIAO ZEN · MEBAN

作 者：孙向荣 主编
责任编辑：赵宏佳 姚春青
责任审校：李 战
封面设计：末末美书

出版发行：哈尔滨出版社（Harbin Publishing House）
社 址：哈尔滨市香坊区泰山路 82－9 号 邮编：150090
经 销：全国新华书店
印 刷：三河市宏顺兴印刷有限公司
网 址：www. hrbcbs. com www. mifengniao. com
E－mail：hrbcbs@yeah. net
编辑版权热线：（0451）87900271 87900272
销售热线：（0451）87900202 87900203

开 本：880mm×1230mm 1/32 印张：28 字数：432 千字
版 次：2021 年 2 月第 1 版
印 次：2021 年 2 月第 1 次印刷
书 号：ISBN 978－7－5484－5771－8
定 价：152. 00 元（全 4 册）

序 言

近年来，我国经济和科技水平得到飞速发展，人们的生活水平也得到质的提升，教育事业更是空前繁荣，孩子的教育问题也越来越受到重视。经济和科技的发展给人们的生活带来了有利的一面，但随之也出现了各种各样的问题，比如电子产品泛滥成灾，孩子们接受信息的渠道越来越广，所接受的信息有健康积极的，也有负面消极的，然而，孩子们还不完全具备辨别信息的能力，一些不良信息便对孩子造成了消极的影响。

孩子一旦受到不良信息的影响，再加上家庭教育的缺乏，很容易形成错误的观念，比如，将叛逆学校当成自己特立独行的个性追求，将一些标新立异的行为当作自己独特魅力的展现等，这些都是极不可取的，需要家长及早干预，纠正孩子的不良行为。

此外，随着年龄的增长，阅历的增加，孩子们的独立意识也越来越强烈，他们渴望表达自己的意愿，渴望自己独立完成一些事情，而父母一如既往的管教便成了对孩子的束缚。于是，孩子们开始挣脱这种束缚，表现为不再像以前那样听父母的话，甚至是凡事与父母对着干，与学校对着干，与老师对着干。这些行为在父母眼里，便成了孩子“叛逆”的证据，令家长们焦虑不已，一时不知该怎么应对。

其实，孩子的变化不是突然产生的，而是不断悄然变化的，只是一些粗心的父母没有发现而已。当孩子到了青春期，“叛逆”的行为会越来越明显，越来越强烈，这虽然令人头疼，但也是孩子开始“长大”的一种信号，父母们在看到孩子存在问题的同时，也要看到孩子成长的一面。

孩子的健康成长不仅需要学校的培养，也需要家长的教育，尤其是在当前的社会背景下，孩子教育所面临的的问题越来越多，也越来越复杂。叛逆是孩子必经的成长阶段，也是最让家长头疼的问题，“听话”的孩子大同小异，“叛逆”的孩子千差万别，面对孩子的“叛逆”，家长不能以硬碰硬，而是要找到方法，用科学的方法去解决。

本书共十章，对孩子的叛逆问题进行了深入解析，不仅分析了孩子叛逆的原因及表现，而且还为家长提供了行之有效的应对方法。书中，有当前家长较为关心和关注的孩子教育问题，也有孩子叛逆的种种表现，全书不仅有理论的分析，也有切实的方法推荐，家长在阅读时既能更了解孩子，理解孩子的“叛逆”，又能应对孩子的“叛逆”。

第一章 别怕，直面孩子的叛逆

第二章 这样做，叛逆的孩子才肯听

第三章　善于激发，让孩子不再抵触学习

第四章　掌握方法，让孩子的学习事半功倍

第五章 鼓励赞美，让孩子学习更有动力

第六章 提高孩子的交际能力，让孩子爱上学校生活

第七章 改掉小毛病，让孩子的学习生活如虎添翼

第八章 好习惯，让孩子变得更优秀

第九章 好心态，让孩子更好地度过叛逆期

第十章 孩子叛逆期，家长的“自我修养”

别怕，直面孩子的叛逆

随着年龄的增长，孩子逐渐形成自己的思想和意识，不再像以前那样乖顺听话，反叛父母、反叛学校，尤其是青春期的孩子更是如此。其实，这是孩子的“叛逆期”到来了，叛逆，顾名思义，就是反叛的思想、行为，但从另一个角度来看，“叛逆”也是孩子开始长大的标志。所以，父母们要勇敢地面对孩子的叛逆，从中找到问题的解决办法，帮助孩子更好地成长。

孩子怎么像变了一个人

“孩子突然像变了个人一样，真难管”，这是诸多家长对孩子叛逆的共鸣，却不知到底是什么原因所致。专家介绍，我国把 11—12 岁定为青春期早期，由于这个时期的孩子难管，所以国外也将其称为“狂躁期”“困难期”。其实，孩子的叛逆并没有家长们担心的那么严重，有的时候我们应该肯定他，引导他，这一阶段就会很容易地渡过去。

教育处在青春期叛逆状态的孩子是件很棘手的事，打骂不行，因为打骂只能增加孩子的对抗情绪和叛逆心理，说教又被孩子当作了“耳边风”；放任不管更是不行，因为孩子那并不成熟的个性和主见，如果不加约束的话，难保他们不会出现行为偏差甚至走向歧途。

案例分享

强强是个喜欢标新立异的男孩子，这一点妈妈心里是有数的，可她还是没料到儿子会这么夸张，在放暑假的第一天，强强就在手臂上用文身纸印上一个夸张的文身图案。

妈妈很生气，告诫强强把文身弄掉，强强却偏不愿意，于是妈妈怒不可遏地打了强强一巴掌：“你这哪里像个中学生，简直就是堕落流氓!”说完就把他拉到洗手池边强制他马上将图案洗掉。

强强还是不愿意，他含着眼泪说："大家都说这文身挺漂亮，我都这么大了，这点自由都没有吗？做妈妈的也不能随意侮辱人，你为什么说我是堕落流氓啊！"

强强的妈妈听了还是不依不饶，她要硬拉强强去洗，强强居然一下子挣脱了，一气之下跑出了家门。之后，妈妈跟爸爸商量强强的事情，爸爸却责怪她小题大做。"新时代的年轻人有哪个不是在追求个性，表达方式有点儿偏差也是可以理解的，是因为他幼稚。想想我们也是这样从年轻过来的，可不能拔掉了刺，也扼杀了孩子个性的成长。最好的方法是我们做父母的先去接受它，然后再慢慢地引导孩子。"

爸爸的话点醒了妈妈。对那个视为眼中钉的文身，妈妈没有着急，她找了些资料看过后，就心平气和地跟儿子探讨起文身艺术。当她提醒强强劣质文身纸对健康有害、易损皮肤时，妈妈看到儿子眼中闪过将信将疑的神色。看到有了成果，妈妈还故意带强强去表妹家玩。表妹的小女儿向来很喜欢哥哥强强，可看到强强的文身，她却疏远了他，还说"强强哥哥手臂上的东西好恐怖哦。"回来后，强强主动把文身给洗掉了。

从此以后遇到类似的事情，妈妈再也不跟强强较量，而是拿出自己的宽容和耐心，与孩子进行朋友一样的交流，并以此来引导孩子少走弯路。就这样在妈妈耐心的引导下，强强的逆反情绪也没有那么严重了，有时还将心里的事情和妈妈商量，他们成为了朋友，在彼此心中最真挚的朋友。

孩子叛逆的原因

孩子进入青春期后由于生理变化引发心理变化，他们遇事开始思考，形成并不成熟的思想，对父母的话开始怀疑。而父母在权威动摇后，一时难以适应，又不愿降低身价、调整教育方法去面对孩子，对此，孩子便心生抗拒，让家长觉得难以调教。

研究发现，导致孩子叛逆的原因主要有以下几方面。

1. 孩子的好奇心、求知欲被压制

3 岁以后的孩子拥有着强烈的好奇心，求知欲旺盛，什么都要摸摸、碰碰，这常会惹恼成人，轻则行动被限制，重则受到训斥、处罚。这样简单地对待孩子势必引起孩子的反感。

2. 父母过于“专制”

一些父母对孩子过于专制，不顾孩子的个体差异和意愿，强行将自己的意愿加在孩子身上。比如，一些父母望子成龙心切，他们要孩子学这学那，如规定每天必须背多少的古诗和单词，练习几个小时的钢琴，如果对成果不够满意，还要有所惩罚。这种急于求成、拔苗助长的做法，容易引起孩子的对立情绪。

3. 孩子的人格得不到尊重

孩子虽小，也有自尊心，也是需要成人的尊重的，要根据他们的身心特点进行教育。那种“棍棒底下出孝子”、讽刺、挖苦、辱骂、体罚，只能引起孩子的逆反心理。

4. 父母过于唠叨和一味指责孩子

父母们总是习惯于唠叨孩子，当发现孩子存在问题，总是一味指责孩子的过错，总认为孩子这也不行，那也不行，时间久了，很容易使孩子产生厌烦心理。很多孩子，最恐惧的是听到爸爸妈妈的唠叨和指责，长期下去，不但造成孩子的心理负担，而且会使孩子产生逆反心理。

父母心经

当孩子出现一些问题时，以往我们总是要问上一句“这孩子是怎么了?”习惯从孩子身上找原因。其实，有许多问题产生的根源是父母。孩子的某些叛逆心理和行为，可能恰恰是家庭教育的弊端所致。总之，父母要接受和肯定孩子的叛逆，不要过分束缚他们的手脚，应给他们自由发展的空间，允许和接受他们成长中的错误，引导孩子逐渐步入成熟。

孩子竟然“逃学了”

孩子进入小学和初中阶段，最令家长头疼的事就是不明就里的逃学。一般来说，孩子的逃学多是从厌学、迟到等开始的。

案例分享

冬冬平时学习比较吃力，上课像听天书似的，老师留的作业一道也不会做，因此干脆不做，或者抄袭别人的。老师天天批评都无济于事，无奈之下只好向家长告状，希望家长能帮助孩子改变这种状况，爸爸妈妈知道冬冬的情况后，天天指责冬冬，后来竟发展到和孩子动武，委屈至极的冬冬因此也离家出走了，后来爸爸妈妈好不容易找到冬冬后，再把他送到学校时，冬冬已完全变了个样子，天天逃学，但他们却再也没办法了。

孩子逃学的原因

孩子逃学的原因很多，比如：学习成绩不好，经常受到同学或老师的歧视；和同学很难相处；害怕考试，等等。归根结底，孩子逃学是由于各方面因素，慢慢产生厌学情绪。这些孩子刚开始经常寻找不去上学的理由，比如撒谎说身体不舒服等。当这种情绪发展到极端的时候，他们就干脆逃学。

孩子逃学是比较严重的问题，从品德方面说，是公开违犯校纪校规；从学习方面说，是放弃学生的重要职责——学习。

孩子逃学大多是从厌学、迟到开始的，比如迟到了怕老师批评，不敢喊“报告”进教室，又不能总在教室门口待着，于是就干脆逃学。

另外，孩子的贪玩心重，一有好玩的事就容易被吸引。当他们不由自主地沉浸在玩的乐趣中，或许早把上学的事忘得一干二净，结果迟到就变成了逃课。那些常请假的孩子，任课老师早已习惯了他们不到校。

如果家长也没有过多地询问和关心，那孩子就有可能把逃学的行为进行到底，三天打鱼两天晒网，形成恶性循环。

教子有方

孩子“逃学”的原因有很多，解决孩子“逃学”的问题，父母要从以下几方面做起。

1. 弄清孩子“逃学”的原因

要想把逃学的孩子领回学校，首先应找到孩子逃学的原因，然后才能对症下药，如果是家长的原因，家长则要加以反省与改正。比如，孩子犯点小错误或是考试成绩不太理想，便不分青红皂白地指责或打骂，还时常用一些带有恐吓意味的语句来威吓孩子。这些话语给孩子的心理上造成了很大压力，让孩子对上学产生了一种恐惧感。而一些性格孤僻、逆反心理较重的孩子便往往因此不愿上学，慢慢发展成逃学。

2. 用表扬和鼓励代替唠叨和指责

对于逃学的孩子，家长在教育的时候，应努力发现孩子的进步，即便是孩子只取得了一点微不足道的成绩，也应给予表扬和鼓励，让孩子感到你对他的关怀。

另外，家长在指出孩子不足之处或者小毛病时，应尽量用温和的语气，使孩子心情舒畅乐于接受你的建议，这样才能让孩子更好地学习和生活。

3. 消除孩子的心理压力

如果孩子对学校产生了恐惧心理，家长应与老师多一些沟通，让老师也从侧面给孩子以关爱，使孩子感到温暖。在学习上，不要给孩子施加太大的压力，让孩子在轻松的环境中学习，使孩子从害怕上学变为自觉主动、轻松愉快地上学。

5. 家长也要多反思自己

家长的态度是孩子转变的重要因素，如果孩子逃学是由于家长教育上有失误，比如教育态度、方法生硬等，家长应在自我反省的基础上多跟孩子交流，检讨自己的缺点，听听孩子心里是怎么想的，跟孩子一起下决心，一点一点地赶上去。

父母心经

孩子逃学是不喜爱学校生活、不喜欢学习的现象，也是意志薄弱的一种表现。如果家长只用打骂驱使他去上学，或进行没有针对性的说教，对于纠正孩子的这种缺点是毫无用处的。还是应当首先找到孩子逃学的原因，然后有的放矢地进行教育，才会收到效果。

你真的了解自己的孩子吗

孩子需要被了解，并且是朋友般的了解，父母只有把他们当作自己的朋友，才会为他们所接受。否则，你就无法和孩子建立起健全的关系。只有朋友关系，才能形成彼此之间充满信任感的沟通。

案例分享

从前有一个国王，他的王子总是幻想着自己是土耳其人。所以自己应当赤裸着身体，蹲在餐桌下面，捡饭渣吃。

王子每天都是这样，可急坏了国王。他请遍了国内所有的医生，结果没有一个能帮助他的儿子。一天，有个智者来到国王面前，主动要求帮助这个孩子。

那个人脱光衣服，和王子一起蹲在餐桌下面。当王子问他为什么蹲在餐桌下面时，那个智者笑着回答说：“因为我是一个土耳其人。”

“我也是一个土耳其人。”王子说。

就这样两个人光着身子在餐桌下面蹲了好几天，彼此慢慢熟识起来。

有一天，智者让人扔几件衬衫过来。

“你是不是觉得土耳其人不能穿衬衫？”智者问王子，“土耳其人当然能穿衬衫，一个人是否是土耳其人是不能根据其是否穿衬衫来判断的。”于是两个人穿好衬衫。

几天以后，那个智者让人扔几条裤子过来。“你是不是认为穿裤子的人不是土耳其人？”他问王子。王子回答：“当然不是，一个人是否是土耳其人是不能根据其是否穿裤子来判断的。”于是两个人都穿上了裤子。那个智者继续这么做，直到两人都穿得整整齐齐。

然后他让人在餐桌上放些食物。“你是否觉得，如果吃好东西就不是土耳其人？”智者又问王子。“当然不是”王子回答。于是他们就一起吃起来。

最后，智者问：“你认为一个土耳其人必须整天蹲在餐桌下面吗？你看，坐在餐桌旁仍是一个土耳其人，这是完全可能的。”于是那个智者就这样一步一步地把王子带回到现实世界中来。

有的时候孩子们在想什么我们根本不知道，当他们有了不一样的举动，父母们就开始不知所措，干着急就是不知道怎样才能帮助孩子转危为安。这时候我们不妨学学那位智者，先了解一下孩子在想什么，他更需要什么，然后慢慢地扭转他们的思路，把他们从幻想的世界里带回到现实中来。

教子有方

父母们不妨反思一下下面几个问题：

①你了解孩子在学校的生活环境吗？

②你了解孩子与同学的关系吗？

③你知道孩子是怎么看老师的吗？

④你了解孩子的学习兴趣吗？

⑤你了解孩子的快乐和痛苦吗？

⑥你能帮助孩子解决生活中的烦恼吗？

⑦你知道做父母的在孩子的眼里是什么形象吗？

⑧你在要求孩子的同时，知道孩子在想什么吗？

对于以上问题，可能很少有家长能全部回答出来，父母们也会惊讶，原来一个孩子会有那么多的思想和想法。有的时候父母关心孩子这个关心孩子那个，却忘记了孩子真正想要的是什么，倘若我们能够早些了解这一切，多与孩子进行沟通交流，在关键时刻用引导的方式让孩子对自己敞开心扉，就能够深刻地了解孩子的内心，知道他们想要什么，最需要什么，只有这样我们才能把忙帮在点子上，帮到孩子的心坎里。

其实，孩子是需要和家长沟通的，只有这样他的心结才会解开，他的心情才会放松。既然如此，了解孩子的想法就可以帮助他们找到成功的钥匙，让他们的生活少一点黑暗，多一片光明，少一份忧郁，多一些快乐。

父母心经

父母们都在为自己的孩子操心，希望孩子像自己期望的那样成长。其实，孩子们也有自己的想法，但是很多父母却常常忽略孩子内心的需求，按自己的意愿去对待孩子，结果却“出力不讨好”。所以，父母一定要走进孩子的内心，真正地了解孩子的需求，才能更好地去爱孩子。

孩子也有自己的“小脾气”

孩子的喜怒哀乐等情绪都是毫不掩饰的，他们敢爱、敢恨、敢说、敢笑，这是孩子的一种心理优势，一种使孩子能及时宣泄各种情绪和能量的优势。他们自然地流露这些情绪并不是什么可耻的事情，只要不扰乱别人的正常学习和生活，不伤及别人，就没有什么对和错之分。

案例分享

小美是一个要强的孩子，她爱好广泛，什么事都想试一试。玩得不尽兴就撅着嘴半天不高兴。在一次院子里小朋友的传球活动中，球刚传到她的手里就被身边的小朋友一跃身给抢走了。

当时，小美怒气冲冲地离开活动场地，径直走到南墙边。谁也没想到，她伸出两只手，拼命朝墙上挖去。一时间，小朋友们都静了下来。大约一刻钟的时间过后，小美才慢慢平静了下来，可十根手指头都带着血。这时候妈妈看到了就赶紧走上前，心疼地把她抱在怀里，握着她两只受伤的小手，轻轻地对她说："好孩子，没事了！不过，以后可不要让自己受伤了，不然的话，你这个小明星就不漂亮了！"

小美听了妈妈的话，懂事地点点头，同时很不好意思地说："对不起，妈妈，我不该发脾气！"妈妈朝小美一笑，说："你对不起的可不是妈妈，是你的十根手指头，知道吗？你的手指好无辜啊！小朋友们都是在打打闹闹中长大的，打闹一次，你就长大一些。不过呢，坏脾气不发出来也是很难受的，以后你再遇到不高兴的事，想发脾气，可以选择别的方式，比如跑步、跳绳什么的，你一定要记住绝对不能伤害自己"从此以后，小美学会了和小朋友交往，终于不再动不动就发脾气了。

教子有方

和大人一样，孩子也会用发脾气这种方式来表达自己的不满和愤怒，然而，很多父母看到孩子发脾气时，首先想到的不是孩子的心情，感受，而是孩子存在的问题和自己的面子。作为父母要明白，孩子什么样的行为是可以接受的，什么样的行为是不应该发生的。面对孩子的“小脾气”，父母们可以参考下面的做法。

1. 允许孩子发脾气

假如孩子正在气头上，要允许他发脾气。父母不妨先坐好，安静地等待孩子，安静地看着孩子，不去打断他的话，全神贯注地听，不左顾右盼，停下手边的工作，这等于告诉孩子：你是被我们在意的，我们在认真地听，在注意你所说的感觉或问题。

2. 及时转移孩子的注意力

孩子的注意力持久性差，极易分散，很容易被新奇的东西、事情吸引。如两个孩子为争夺一件玩具而生气、大哭，成人可拿玩具给其中一个孩子，或将其中一个孩子带到别处玩。这样孩子的注意力被分散了，或者放在别的事情上，就容易顺利解决。

3. 温和地安抚孩子

当孩子发小脾气的时候，妈妈应该用温和的语言开导孩子，让孩子知道成人了解他的感受。成人还应告诉孩子，生气时能干什么，不能干什么，允许孩子以恰当的方式发泄消极的情绪。如：痛哭一场、跺脚、敲打枕头、画一幅发怒的图画、大声说“我很生气!”等。这样发泄出来有利于心理健康。要教育孩子生气时不能丢玩具、打人、向大人发脾气，这样就可以培养孩子发怒时自我解决问题的好习惯，帮助他们将自己的情绪处理得井井有条。

4. 引导孩子学会控制情绪

成人要告诉孩子，世上不会事事都让自己满意，一个人总会遇到这样或那样的挫折，生气是没有用的，要有意识地控制自己的情绪，保持冷静。丰富孩子的精神世界，带孩子郊游，开阔视野；带孩子登山，锻炼孩子的毅力，尽早帮助孩子形成坚毅、开朗的良好性格。

父母心经

孩子生气一定是心里不舒服。接受孩子这个状态，自己不能生气。如果自己着急，孩子的情绪状态会压抑。孩子的状态不被接纳，他将来也不会接纳自己的。孩子也有一个心理周期。要允许孩子生气，不能压制。理解孩子、接纳孩子不好的状态。这时候我们能做的就是真心陪伴、接纳。

我们要鼓励孩子勇敢表达自己的情绪，同时也要细心地观察孩子，理解他们，允许他们自由地表现，在理解的基础上进行引导，才能保证孩子在心理上健康成长。

不做“唠叨妈妈”

孩子在成长的过程中，会要求更多的自主权，然而面对未成熟的孩子，妈妈们又不懂得如何满足孩子的要求，唯有强迫孩子去顺从。于是，妈妈的叨唠，就好像紧箍咒一样，围绕在孩子的耳边，使他们越来越反感，越来越抵触，就连妈妈自己也开始手足无措，不知道怎样才是正确的教育。

案例分享

妈妈早早地起来，一边收拾房间，一边为小军准备早餐。6：30，牛奶、鸡蛋、面包准时端上桌，这一切整理完毕后，妈妈就开始一遍一遍地叫小军起床。就这样一遍接着一遍，小军始终没有任何反应，一直到快7：00了，小军才懒洋洋地起来。

当小军坐到饭桌前用最快的速度对付着这顿早餐时，妈妈就开始在他的房间帮他叠被子，收拾凌乱的衣服、物品，嘴里还不停地唠叨着：“看看你，老是把哪儿都弄得乱七八糟，让人跟在你屁股后面收拾。每天让你起床都得喊破嗓子才动，你看看饭都凉了，总吃凉饭，还这么狼吞虎咽的，胃要坏的，还得给你看病去，天天说都没用。要是我一叫你就早点起来，不是就不用这么紧张，也不会老是迟到挨批评了……”

妈妈还在唠叨，小军对妈妈的话充耳不闻，只顾把吃的、喝的填进肚子，用手背抹抹嘴，抓起妈妈早已经为他放到客厅沙发上的书包，转身就往外走。妈妈追在他身后喊着：“着什么急呀，就吃这么几口呀，一上午的课呢，会饿的。哎，上学的东西都带齐了吗，别又落点儿什么，每天都得让人提醒……”

教子有方

研究表明，唠叨会让人产生一种习惯性的模糊听觉，也就是明明在听，却根本不往心里去。这是长期重复听同样的声音而产生的一种心理上的不在乎。所以，做父母的，不要老是只怪孩子不听话，也该静下心来想想，自己是否真的太唠叨了。

唠叨只会让孩子心烦，同时对父母的唠叨产生依赖感，慢慢地，父母不唠叨，孩子的事情就做不好；批评性唠叨容易加重孩子的心理负担，让孩子对自己越来越缺乏信心，甚至产生强烈的逆反心理；随意性唠叨容易让孩子养成注意力不集中的习惯，孩子常常把需要记住的重要事情也当成耳旁风。

不做“唠叨妈妈”，妈妈要注意以下几点。

1. 说话要有分量

说话要有分量，就要求妈妈在对孩子讲话前要经过一番理智考虑，绝对不能信口开河，一定要力争说到做到，话虽然不多但是一定要有力量。

比如，规定孩子做好作业再开饭，但有的父母话虽讲出去了，可心里又怕孩子肚子饿，就说：”你到底饿不饿？还没做完作业，饭都凉了”“你还想不想吃饭？”诸如此类自相矛盾的话，反映了自己感情的软弱，说话不算数，没有威望。

2. 不要过多重复

家长对孩子讲的话虽然多，但许多都没有讲到点子上，事无巨细，反复强调叮嘱搞得家里上下不得安宁，大人为孩子不听话而气愤，孩子在繁杂的语言环境里定不下心来做功课，结果会适得其反。其实有些时候没有必要无数次地叮嘱，有些话只说一遍就够了。

3. 尽量不使用命令式的语言

妈妈不要过多地使用命令式的语言和孩子说话，因为这样容易使孩子产生抵触心理。有时候，妈妈可以多和孩子说说悄悄话，用温和的语言和孩子沟通，拉近和孩子之间的距离。

如果想让孩子做什么事，可以用亲切的语言在他的身边轻轻地告诉他，尤其对幼小的孩子，这既是命令，又是感情的信任，悄悄的一句话，要比反复地唠叨更有价值。

父母心经

孩子需要父母的指导，但不喜欢父母的唠叨。过分唠叨不休，会使孩子觉得父母认为他没有理解事物的能力，久而久之，孩子会产生厌恶不快的感觉。其实，有条理地向孩子交代事情，会增强孩子的自信心和自尊心。家长对待孩子，要像对待成人一样，不要孩子有一点错就总是板着脸指责他，应该委婉地指出来，尽量避免伤害他的自尊心。

避开叛逆孩子的锋芒

案例分享

丽丽从小对父母特别亲热，心里有什么总是要告诉妈妈，每天放学回家后总是不断地向妈妈讲述学校里的事情，讲老师怎样上课，同学们怎样在一起玩，自己与哪些同学比较好等。可是，自从丽丽上了中学以后，越来越不爱和妈妈谈心了。妈妈好几次问丽丽最近学校里有什么新闻，丽丽总是淡淡地说："没什么。"

妈妈多问几次，她就不耐烦了："妈妈，我已经不是小孩了，我应该有自己独立的生活！"后来，丽丽喜欢穿磨得破破烂烂、有大小窟窿的牛仔裤和花花绿绿的T恤，以为这就是流行趋势。

但是，丽丽的妈妈总也想不明白，好好的衣服、新的衣服不穿，却要穿成这样，就算小时候家里经济特别困难，囊中羞涩，穷得没钱买衣服，也从没想让女儿穿得这样寒酸。

这天，妈妈又看见女儿站在门外，用石头和沙子猛擦新牛仔裤的裤脚。妈妈非常生气，天啊！怎么有这样的孩子，新买的牛仔裤，她居然这样糟蹋！于是，妈妈马上飞奔过去阻止女儿，然后对女儿说："我小时候哪有这样的衣服穿，有一件新衣服爱惜得不得了，没想到你现在却这么不知道珍惜。

"你是不是觉得生活条件太好了呀？……真是个让人心烦的孩子！"尽管妈妈说得满嘴白沫，但女儿好像充耳不闻，似乎对妈妈的唠叨无动于衷，继续低头擦她的新牛仔裤。

妈妈终于气极了，忍不住问丽丽："你为什么要把新牛仔裤弄成这个鬼样子？"没想到，女儿竟然理直气壮地说："我就是不想穿新的嘛！"

妈妈担心孩子会有什么事，于是就偷偷查看她的抽屉，丽丽知道以后很不满，好几天没有理睬妈妈。后来，妈妈还跟踪丽丽，丽丽发现后，更是一个月没有理睬妈妈。

妈妈心里很苦恼：明明是为孩子好，孩子为什么不领情？孩子进入青春期后，常常会有一些逆反的举动，比如，不愿意与父母沟通，喜欢做一些出格的事情。

教子有方

逆反是孩子们在成长过程中必须经历的一个过程，这是孩子们逐渐从依赖父母的心理状态中独立出来，从而养成自己判断、自己解决问题的行为习惯的时期。

这一时期的孩子，最主要的表现就是独立活动的意愿变得越来越强烈，他们不愿意成人再干涉他们的自由。如果这时家长还把他们当孩子来看待，他们就会厌烦，就会觉得伤害了他们的自尊心，从而出现反抗的行为，以此来表达自己内心的不满。

在孩子的叛逆期，父母要学会避开孩子的锋芒，努力做到以下几点。

1. 理解和尊重孩子

父母要把孩子看成一个独立的个体，给孩子选择自己行为和做决定的机会，父母如有不同意见，应该心平气和地与孩子讨论。要允许孩子有新想法、新思维、新做法，父母不能接受的，不一定是错误的。作为父母不能要求孩子一定按自己的想法去做，尤其是孩子自己的事情。孩子有自己的爱好，有他的生活圈，父母应该站在孩子的角度，给孩子一定的空间。

在生活中，父母要密切注意孩子在态度和行为上的细微变化，当孩子希望自己在房间里没有人打扰时，父母就不要随便进入。当孩子希望拥有记录自己秘密的日记本时，父母就不要偷看，更不能采取打骂体罚的方式来窥探、监视和干涉孩子。

2. 正视孩子的心理变化

孩子进入叛逆期时往往想主动摆脱父母的束缚，割断与父母之间的心理依赖关系。这是孩子自我意识发展的表现，是一种正常的心理，因此，父母要正视孩子的这种心理，给孩子一个宽松的氛围，促进孩子自我意识和自主能力的发展。

父母不要因为孩子出现了这种心理变化就惴惴不安，应该充分理解和支持这种变化，并给予积极的引导。在这个阶段，孩子除了基本的物质需要，可能更需要和别人进行精神上的交流。父母应该切实地从精神上多关爱、鼓励和支持孩子，再也不能把他们当作什么也不懂的小孩子了。

3. 与孩子交流要有耐心

引导孩子与父母进行交流，需要父母有耐心。所谓欲速则不达，操之过急反而会使孩子感觉父母想控制他，因此对父母敬而远之，这样就达不到预期的效果了。耐心应该表现在：一如既往地照顾孩子，关心孩子，让孩子知道父母永远是他中最重要的支撑，家庭永远是他生命中最重要的港湾，他永远可以在这里寻求帮助；另一方面，父母应尊重孩子的选择，鼓励孩子去开创自己的生活。相信在父母的耐心引导下，孩子是愿意与父母进行交流的。

4. 给孩子自由的空间

如果孩子不喜欢和父母沟通，父母应该找找原因，是不是自己对孩子平时的生活干涉太多，导致孩子产生了逆反心理。多让孩子进行自由的活动，是促进父母与孩子之间情感的好方法。比如，当孩子有同学朋友来玩时，父母一定不要偷听孩子们的谈话，给他们自由的空间。也可主动让孩子邀请同学到家玩，父母外出以给孩子充分的自由空间。但是，要求孩子在活动结束后，和父母谈谈活动的情况，以便父母及时了解情况，也促进父母与孩子之间的沟通。

平时，孩子若想和同学朋友搞什么活动，只要不是太出格的活动，父母最好都支持孩子，可以适当进行限制，但不能拒绝孩子参加。比如，当孩子说想在周末和同学出去野营时，妈妈应该说："妈妈支持你的活动，但是你要告诉妈妈到哪里，有多少人，什么时候回来。"孩子多半是会和父母讲明具体情况的。因为，父母放手让孩子进行自由的活动，表明了父母对孩子的尊重，孩子自然也会尊重父母，愿意和父母交流。

父母心经

家长如果和叛逆期的孩子较劲，不仅无法改变孩子的想法，而且容易造成孩子的心理障碍。因此，父母应该把孩子的一些逆反行为理解为孩子在为精神独立而宣战。如果父母以宽容的心态对待孩子的一些出格行为，鼓励孩子在精神上朝着独立自主的方向前进，这对孩子的心理成长是极有帮助的。

父母与孩子建立一种平等、亦师亦友的关系，相信孩子的独立处事能力，营造宽松和谐的家庭环境让孩子进行自我调节，这样才能让孩子顺利度过特殊的心理叛逆期。

学会倾听孩子的心声

多听听孩子的心声，了解孩子的感受，不但可以增进亲子沟通的感情，也可以令孩子明白，当遇到任何烦恼时，回到家里都会得到妈妈的体谅和支持。这会增加孩子的安全感，而安全感便可使孩子的创造力和理解力得到全面地提升。

案例分享

王女士有一个读小学三年级的女儿，近来，王女士发现，女儿和她讲话时非常不耐烦，态度也非常不好。

有一天女儿放学回家，王女士问她："你到哪儿去了？怎么晚了一个多钟头？"女儿说："我和同学一起到小娟家玩去了。"

王女士立刻火冒三丈，说道："你知不知道，我很担心！以后放学后就回家做功课；不要到处去野！"女儿听了脸色很难看，然后不理王女士就气冲冲地回房间去了。

开始王女士是认为自己说的话和语气不好，但是王女士发现，自己的女儿越大越不听话，王女士担心女儿现在有许多话不跟自己说，将来会出现什么问题。于是自己去咨询家庭教育专家，专家听了王女士的情况给她开了一个"药方"：多倾听小孩子的心声。并交给了王女士许多倾听小孩子心声的技巧。

从此王女士不再对女儿的言行做出判断；即使当女儿不同意自己的看法时，也要承认女儿可以有自己的想法，并积极做女儿的倾听者。比如：一天女儿放学回来说："妈！我好难过，今天考试考砸了。"王女士听了，不再责怪，而是停下手边的工作，坐下来对女儿说："愿意说给我听吗？"女儿看了看妈妈，把自己考试考砸的情况给王女士讲了。王女士听后，和女儿一起分析了失败的原因，并和女儿一起确定了相应的补救手段。

听完女儿的诉说，和女儿分析完情况，已经是深夜了。女儿感激地投入王女士的怀抱说：“妈妈你真好！”那一刻，王女士的嘴角也洋溢着幸福的笑容。

教子有方

尽管孩子有的时候会犯一些错误，但是妈妈一定要静下心来倾听孩子的声音，可以适当用“是吗？”“然后呢？”这类的词来继续引导孩子进行交流，而不是不断地插话，不让孩子说话，只让孩子听自己的。

在家庭中，妈妈和孩子应该是平等的，应该和孩子做朋友，如果一味地给孩子灌输自己的思想，孩子一定会很痛苦，甚至产生逆反心理，不愿意再和妈妈进行交流，把自己的心事憋在心里。好像成人都有这样一种定式：和孩子说话总想着要控制他，居高临下，并没有把孩子当成一个受尊重的独立个体。用这样的方式，你下达的是指令，却没有给孩子提供明确的指导，就好像他注定是做错事的一方，你注定是来惩罚他的。

有的时候孩子不需要训斥，也不需要指责，而是需要妈妈拿出一份真诚和爱心去关怀，去倾听，只要妈妈放下自己的姿态，愿意聆听孩子的声音，孩子就自然会对妈妈敞开心扉。

孩子再小也是一个独立的个体，我们应该尊重孩子的想法，耐心细致地理解他们，只有这样，妈妈才能成为孩子真正的朋友。

父母心经

多听少说，是亲子沟通中重要的一环。就算孩子真的犯了错误，父母也要放下心中的成见和怒火，静下心来，听孩子说出原因。

当孩子出现问题时，父母首先要了解真相，积极聆听，以同情与认同的态度，站在孩子的立场，让他尽情倾诉，不要打断孩子说话。专心倾听是父母的主要责任，孩子心中的感受得以宣泄后，烦恼自然会消失一大半。

这样做，叛逆的孩子才肯听

父母们千万不要和叛逆期的孩子较劲，如果步步紧逼，不但得不到应有的效果，还会两败俱伤。面对孩子的叛逆，父母们的首要任务是让孩子肯听自己说话，这样才有进一步交流的可能。要让孩子肯听自己说话，父母们首先要“听懂”孩子的话，了解孩子，在日常生活中，不以父母的权威来强制孩子，与孩子建立平等友善的关系，这样，才能与孩子进行有效沟通。

听懂孩子的“潜台词”

和大人一样，小孩子说话时也包含潜台词，如果妈妈能听懂孩子话中的“潜台词”，那么就可以更好地了解孩子的想法。

案例分享

丽丽是一个很有个性的小孩，也很有主见，她总是很叛逆。妈妈越是让她去做什么，她就越是不去做，还总是说“我不，就不，偏不”。

丽丽还会和妈妈赌气，会跟妈妈说：“我不爱妈妈了，我不要你！”如果是别的妈妈一定气坏了，可是丽丽的妈妈却不会。因为她很有策略，如果女儿那样说了，她就回答女儿说：“没关系，我知道，你说不要妈妈就是爱妈妈，你说不爱妈妈也是爱妈妈……”

丽丽对妈妈说：“妈妈，我好热呀，快热死了！”妈妈就明白丽丽的言外之意是她想吃冰棍或冰激凌，于是对丽丽说：“妈妈明白了，你是不是想要吃点凉快的东西？”这样妈妈就获得了女儿丽丽的认同。

在一个天气很好的星期天，妈妈带女儿外出放风筝。在开始之前，妈妈就对女儿说：“你去操场上放你手中的风筝吧，玩得开心点，当然也要注意自己的安全。”丽丽回答说：“好的，妈妈，可是我要怎么做呢？是玩得开心点，还是注意自己的安全？”

妈妈一听，这小家伙，又出潜台词了——如果允许她开心，她就无法保证自己的安全；如果她必须关注自己的安全，那么她就可能玩得不开心。于是妈妈只好说："你小心点吧，安全第一，其次才是开心。"

一天晚上，妈妈发现丽丽在看《乌龙院》，忍不住教育了她几句，希望她专心地学习，以后不要再看这类书，并且还为她推荐了几本她有可能喜欢看的课外书。丽丽说："妈妈，你不是说，可以让人心情愉悦的书就是好书吗？"

妈妈一听，这个小家伙，又有潜台词——她的意思是看这些书时，她是快乐的，为什么说它不是一本好书呢？妈妈只好说："你在看这些书之前必须把作业做完。"丽丽很聪明，她听到的潜台词是：只要我把作业做完，就可以看《乌龙院》，所以马上就去做作业了。

有时候，我们不得不佩服孩子的这些小智慧，孩子似乎是与生俱来地具有这种能力。妈妈千万不要小瞧年幼的孩子，他们也是很灵巧的，妈妈在听他们说话的时候不要只是单纯直白地理解他们的表面意思，不然很容易误解孩子所要表达的意思，这样就会让妈妈和孩子之间的沟通出现问题。

教子有方

现在是物质极大丰富的时代，不论是家长还是孩子一般都把物质当作情感的一种表达或是象征。其实父母在平时更应该关注的是孩子的内心需求，不要被孩子要玩具或哭闹的表象所蒙蔽。

比如，妈妈应该看着孩子的眼睛，平和温柔地和他多说说话，妈妈细心的话，还要观察一下孩子近期的心理、情绪、饮食、起居，而且只要妈妈用心了，那么就一定能够听得懂孩子的“潜台词”。

孩子其实是很聪明的，他们看似想得并不多，可是平时他们总在想一些事情，只是他们有时候也会采用尝试的方式，并不是直接地将自己的需求表达出来，而是用旁敲侧击的方式来告诉妈妈自己的需求。

如果父母发现孩子不再直接说出他的要求的时候，就要注意了，要想想孩子说出的话是不是有其他的意思，他是不是真的像他口中所说的那样，还是他另有需求。父母如果听得懂孩子话中的“潜台词”，那么孩子一定愿意和父母好好地进行沟通，父母也可以借此来了解孩子的内心想法。

有时候孩子看似是在与妈妈发牢骚，其实他是想让妈妈理解他的心情和感受。如果妈妈发现了他的意图并且理解了他，那么他就会认为他是被理解的，自然对妈妈的话也听得进去。当孩子说的话不再直截了当，而是委婉含蓄时，妈妈们一定要学会听懂孩子的“潜台词”，这样你才能更好地了解孩子的内心想法，才能使你和孩子的沟通更加顺畅。

父母心经

妈妈要学会听懂孩子的潜台词，当孩子讲起一件事的时候，不要就事件本身与他讨论，而是要分析孩子的话外音。如果妈妈发现孩子说话带有潜台词的时候，应该感到高兴，因为这也是孩子聪明的表现，这说明孩子已经学会委婉地表达自己的意思了，同样也说明孩子说话的时候懂得考虑别人的感受了，妈妈应该高兴地表扬孩子越来越会说话了。

不要伤害孩子的自尊心

孩子还小，调皮是他们的天性。在很多时候，父母难免会为某件事情而生气，气头上口不择言可能会说出一些使自己后悔的话。这些话可能使孩子的尊严受到极大的伤害。“傻、呆、笨、坏”如果从父母的口中说出来，会让孩子觉得连父母都这么评价自己，进而出现自我否定，不仅影响父母与孩子之间的亲子之情，还会打击孩子的自信心，甚至影响他们的人生观，后果不堪设想。

案例分享

在一辆公交车上，一个母亲带着女儿上了车，刚坐下不久，母亲就不停地教训着自己的女儿，女儿小声地跟母亲辩解着什么。

然而，母亲依然不依不饶，大声呵斥道："就会跟我顶嘴！要你有什么用？在学校学习不好，兴趣班也上不好，一天天就给我丢人！"

小女孩儿听到这话，不再说话了，当察觉到周围人都在看着自己时，小女孩涨红了脸，非常难堪地低下了头……

其实，任何父母都是爱自己的孩子的，但很多时候却不讲方法，伤害了孩子的自尊。

"己所不欲，勿施于人"，对待孩子也是如此。自尊心人人都有，只不过孩子的自尊心更加脆弱，就像一只透明的玻璃杯，虽然美，但一碰即碎。生活的琐事很烦乱，总会有不如意的事情，父母千万不要对孩子说一些气话。事情过后也许还可以弥补，但对孩子的伤害却有可能是永久性的。

教子有方

孩子的心灵是需要保护的，同样的意思不一样的表达方式，就会造成两种截然不同的结果，孩子总是需要鼓励的，过多的消极言辞势必会影响到他们的自尊心和自信心，这一点父母一定要记在心上，体现在行动上。

在日常生活中，父母要避免以下几种伤害孩子自尊心的行为。

1. 过多地否定孩子

“笨!”“你怎么这么笨，连这也不会。”妈妈往往以大人的标准来衡量孩子的行为，自己觉得很简单的东西孩子应该也要会，否则就“笨”。

“没用!”妈妈带着孩子到亲戚或邻居家玩，孩子不愿叫“阿姨”，妈妈就会责怪说：“你这孩子怎么这么没用，叫一声阿姨都不会。”也有的妈妈会笑着对别人说：“你看，我的孩子真是没用，不会叫人。”虽然是对别人说的，可是孩子都听在心里。

2. 拿“别人家的孩子”比较

“某某都会，你怎么就不会!”孩子是妈妈的希望，也是妈妈的荣耀。妈妈总希望自己的孩子比别人的孩子强，所以遇到孩子比别人差时，经常拿孩子出气，“你和别人一样大，为什么别人会，你怎么就不会，好好跟别人学学，不要老想着玩。”

父母们要掌握孩子的个性与特点，并非别人会的东西，孩子就一定要会，要根据孩子的特点培养他的能力。

3. 对孩子提过分的要求

“快一点!”“动作快一点，妈妈还要上班呢。”其实孩子动作慢不是他的错，他不知道为什么要快，也不知道怎样快，最关键的是平时妈妈的教导，怎样让孩子有一个时间观念。

“再做好一点!”在孩子眼里，他的作品可能已经做得最完美了，可是在妈妈眼里，还是没有达到要求，所以孩子做什么事情都希望他再做好一点，而没有顾及孩子的心情。

“连这个也不会!”孩子不是天才，不是一生下来什么都会，成人会的东西孩子不一定要会。不要妈妈觉得很简单的事情，孩子不会就说：“这么大了，连这个都不会。”说多了，孩子会的事情他也不敢做了。

妈妈用时间去了解孩子的能力，让孩子做之前，把事情与孩子的能力进行对照，如果孩子能做而不做，妈妈应进行劝导；如果超出孩子的能力范围，就要量力而行，千万不要勉强，小心适得其反。

4. 对孩子采用过多命令式的语言

“不准!”“不准吃饭时说话。”“不准抱着玩具睡觉”……太多的“不准”容易限制孩子个性的发展。也许同样的问题换个方式解决，可以达到更好的效果。

“马上停止!”“哭，还哭，马上给我停止。”“叫你不要玩电脑，还要玩，马上停止，睡觉去。”妈妈烦了后，就希望孩子立即能够达到自己的要求，这时往往出言比较凶，有的妈妈甚至拼命用手拉开孩子的手，因此孩子认为妈妈是野蛮的。

父母的这种态度是极不负责任的，那些连大人都无法承受的语言虐待，孩子怎么可能承受得起？面对无法承受又不得不承受的语言虐待，孩子必然会通过各种病态心理将内心的委屈反映出来，而最后的苦果还是要父母来尝。

父母心经

任何情况下，妈妈都不应该用讽刺、挖苦的语言和方式去伤害孩子，不应该惩罚或变相惩罚孩子。父母在和孩子交流的时候，要时刻注意自己的言谈，也许在不经意间，父母的一句话就伤害了孩子的自尊心。这不是危言耸听，孩子的心灵极其脆弱。父母的一句鼓励，会使他们信心百倍；而父母的一句呵斥，也能让他们委靡不振。

打骂，是最无效的沟通

中国有句古训，叫做“棍棒底下出孝子”，现在许多父母仍然将这句话奉为经典。大多数家长认为，当孩子做出不良的行为时，妈妈有责任对他们进行惩罚，因为这可以让孩子有所改变。

案例分享

小强是一个15岁的农村少年，在邻居眼中一直是一个“乖孩子”。由于家境不好，加之小强的学习成绩一直也不是很理想，他的父亲经常借酒消愁，一喝醉酒就以他学习不努力为由打他，小强经常被打得遍体鳞伤，而父亲酒醒了以后，又好像什么都没发生过一样，完全忘记了他醉酒后的暴力行为。久而久之，小强对父亲就产生了一种恐惧，随时都害怕父亲会喝酒，害怕被打。

小强说："我经常都会恐惧，害怕半夜里爸爸喝酒回来会把我从被窝里揪出来打，我常常都不敢睡觉。"由于害怕挨打，他多次试图离家出走，但是由于他年纪小，而且性格又内向孤僻，所以都没有出走成功。

终于，在2004年年初的一天，爸爸又一次喝醉了酒，又以小强学习不好为由殴打他，小强终于不堪忍受，彻底爆发了，他操起了水果刀，刺向了爸爸的胸膛，没想到这一刀却要了爸爸的命。

现在的小强很悔恨，每一次妈妈去少管所探望他的时候，他都会哭着向妈妈解释："我没有想到这样做会杀死他，我当时只是想反抗一下，只是想阻止他继续打我，我不是故意的。"妈妈是谅解他的，可是在小强的脑海里，将永远烙下了痛苦的印记。

教子有方

家长打骂孩子，他们在体力上占绝对优势，随便一巴掌，对孩子来说都是巨大的打击，根本就没考虑到这会给孩子的心灵造成多大的伤害，更没想到通过平等对话、沟通等途径让孩子真正的想法得到释放。

其实，棍棒教育就是典型的以家庭暴力为基础的，大人心情不好时，会莫名其妙地把孩子抽上几鞭子，有人说不打不成器，现在不教育，以后犯了大错就晚了。其实不然，现在的孩子不比以前的孩子，懂事比较早，认识事物也不同于以前的孩子，他们接受新事物的速度远远快于自己的父母。我们不反对惩罚孩子，因为适当的惩罚可以防止孩子走上错误的道路，不过现在素质教育反对经常性地打骂孩子，因为过多的打骂不仅无助于事情的解决，而且容易使孩子产生逆反心理。

孩子是家长最珍贵的宝贝，但也是一个独立的个体，不是家长的私有财产，不能任由家长处置。即使家长含辛茹苦地把他抚养长大，供他衣食住行，供他上学成长，家长也无权实施“棍棒教育”。

打孩子不仅不能解决问题，还会给孩子造成新的心理问题。在爱中长大的孩子，学会了仁慈；在皮鞭下长大的孩子，只会产生仇恨。孩子有时的确会惹家长生气，但很多时候，孩子的错误是无心之过，用爱做基础，赞美和鼓励做阶梯，辅以耐心、宽容，孩子才会给家长最好的回报。

父母们要引以为戒，平时多和孩子进行心灵上的沟通，多了解孩子的内心世界，在孩子犯错的时候能平心静气地和孩子一起找到错误的原因，然后引导孩子向正确的方向发展，学着和孩子一起成长。

父母心经

如果只是一味地打骂孩子，和孩子之间的沟通就失去了平衡，孩子长期处于这种状态就会形成内在的精神压力，这样会使孩子因为怕挨揍而成为驯服的羔羊，性格变得孤僻、懦弱、自卑。更有甚者，打骂还会激发孩子的逆反心理，这不仅不利于孩子的教育，更会对孩子的健康造成严重的影响。

给孩子自己做决定的权利

孩子虽然还不是大人，但是也同样需要一些自主权，所以父母们要给孩子自己做决定的权利，让孩子去独立思考和判断，这样孩子才会养成独立的性格，也会更有责任心。

案例分享

一天，已经放学很长时间了，童童才带着一身泥土回到家。爸爸非常生气地问他："怎么这么晚才回来？身上还弄得这么脏？"

看到爸爸不高兴，童童有点害怕了，怯怯地对爸爸说："下午学校足球队选拔队员，我去参加选拔了。"

"什么足球队？谁让你参加足球队了？你经过我同意了吗？"

儿子竟然自作主张，这让爸爸更加生气了。

"是我自己要参加的，好多同学都报名了，我……"

"这绝对不行！成绩那么差，还有心思参加什么足球队，你要敢去小心我打断你的腿!”童童还想为自己辩解，却被父亲的怒吼打断了。

后来，童童只好放弃了参加足球队的选拔，但是他的成绩并没有因此好起来，反而比以前更差了。因为自己的爱好得不到父母的支持，童童逐渐对学习也失去了兴趣。

教子有方

父母总是习惯于把“选择权”和“决定权”牢牢地把握在自己手中，不是强迫孩子放弃自己感兴趣的事情，就是逼着孩子做他们没有兴趣的事情。这样做的结果只有两个：一是让孩子变得胆小怕事，遇到事情只会依赖父母，听从父母的意愿和决定，根本没有自己的主见；二是很容易引起孩子的逆反心理，跟父母“较劲”，什么事都和父母对着干，你让我朝东，我偏要向西，从而在父母与孩子之间出现了“代沟”。

因此，当孩子决定做一件事情的时候，作为家长，应该给他们最大的信任和支持。不要把自己的感情和观点强加到孩子身上，要信任孩子，相信他们的选择和决定。即使孩子最后失败了，相信孩子也能从中得到深刻的经验和教训，为自己以后的成长打下良好的基础。

1. 给孩子选择的权利

其实，给孩子选择的权利就是在肯定孩子，相信孩子，相信他们的判断力和办事能力。让孩子自己去选择，会让他们对事物产生更加深刻的认识，从而更加坚定自己的信念和决心。即使以后遭遇挫折和失败，他们也能认真总结经验、吸取教训、勇于承担责任，而不是一味地怨天尤人。

人的一生总会面临很多选择。如果一个人从小就有意识地培养自己选择和把握机会的能力，那么在以后的人生道路上，他就有可能不断抓住机会，走向一个又一个成功。

相反，如果他从小凡事都靠父母替他选择和决定，久而久之，便没了主见，当他离开父母独立进入社会后，就很难做出果断而正确的选择，即使遇到机会，也只能与它擦肩而过。

2. 当好孩子的“助力”

（1）当孩子面对选择犹豫不决时，作为父母，应该鼓励孩子自己做决定，并明确地告诉他：“孩子，这件事情由你自己决定!”；

（2）当孩子通过自己的观察思考，对某件事情做出选择和决定时，父母应该给予他热情的支持；

（3）当孩子的想法和决定有明显的不足和纰漏时，父母要心平气和地给孩子提出合理化建议并加以指导；

（4）如果孩子的决定确实不合理，父母应该耐心地分析原因，让孩子主动放弃错误的想法，而不是简单粗暴地用父母的权威压制孩子。

（5）当孩子通过观察和思考对一件事情做出决定时，父母应该说：

“我们支持你的决定！”

（6）当孩子为了自己的决定而努力时，父母应该鼓励孩子，并及时把鼓励传递给孩子：“继续努力，你一定能成功！”

父母心经

有机会让孩子自己做选择、做决定，这是赏识孩子、尊重孩子的体现。当孩子选择了一件事情，决定去做的时候，家长不能用成年人的思维方式去禁锢孩子的思想。应该支持和鼓励孩子到实践中去感受。这种对实践的体验和感受对于孩子的健康成长以及培养他们自立自强的意识非常重要。

让孩子自己做决定，并不是让父母推卸责任，而是为了培养孩子的自主能力和责任意识，让孩子逐渐成熟起来。在生活中，不要让孩子一味地服从父母的决定，要让孩子用自己的意志选择或取舍事物，让他有自我决定的机会，并在决定事物的过程中，培养出肩负责任的自主性与积极性。

巧妙批评，让孩子更易接受

孩子还小，他会经常犯错，这时候妈妈就要运用一些批评的方式帮助他改掉不对的地方，但是批评得过于严厉就会伤害到孩子的心，但是不严厉，又怕达不到真正的效果。其实，妈妈的批评应该是一门学问，更是一门艺术，只要出手就一定能够达到满意的效果。

案例分享

小军是个淘气的男孩，经常惹祸。母亲每次都大喊大叫，甚至抡起藤条抽打他，他当时疼得嗷嗷直叫，哭天喊地，但是过后就把母亲的话忘得一干二净，所以母亲的批评总是收效甚微。

有一次小军偷了商店的玩具，差点被商家送到警察局去。幸亏母亲及时赶到，连忙向商家道歉，说服商家再给小军一次机会，商家这才放手。

回家后，小军料想等待自己的一定会是一场狂风暴雨，可是妈妈什么也没说，只是让他回自己的房里去。当他无意中到厨房拿水，发现母亲独自一人，呆呆地坐在厨房的椅子上，满脸的忧伤和疲惫。

这一场景，让小军如遭雷击。虽然没有任何指责，却让小军一下子想起妈妈日常的操劳，抚育他的呕心沥血。从此以后，他痛下决心，改过自新，努力学习，做妈妈的好孩子，再不让她为自己操心了。

教子有方

批评是一种负强化法，家长在批评孩子时如果不讲究方式、方法，结果只能是“家长出了气、孩子不服气”，起不到应有的教育效果。的确，家长通常采取的批评方式很有问题：唠叨、生硬、严厉，结果是越批评孩子越皮，反弹力越大，越对着来、顶着干。最后父母们筋疲力尽，却收效甚微，甚至适得其反。

1. 批评孩子要注意时间和场合

父母尽量不要在清晨、吃饭时、睡觉前批评孩子。在清晨批评孩子，可能会破坏孩子一天的好心情；吃饭时批评孩子，会影响孩子的食欲，长此以往会对孩子的身体健康不利；睡觉前批评孩子，会影响孩子的睡眠，不利于孩子的身体发育。最关键的是，父母批评孩子最不应该在公开场合，因为这样会伤害到孩子的自尊心，使他丧失自信。

2. 批评要实事求是

实事求是地批评才能使孩子从心理上产生接受感，才有可能抑制孩子的不良品德、不良行为。想要让孩子心服口服，就要讲道理，所以在批评之前，首先就要把孩子的不良行为事实搞清楚，不要夸大，也不要缩减，有一说一，有二说二，尤其记住不要把一说成二，更不能想成三。有些父母之所以批评孩子遭到抑制，甚至让孩子产生不满，就是因为父母批评的理由不充分，甚至夸大其词，使孩子产生反感，以至于难以接受。

3. 批评要有针对性

“打人莫打脸，骂人莫揭短”，父母的批评要有针对性，就事论事。然而，有些父母批评孩子却不是就事论事，而是东拉西扯算旧账，把上星期，甚至一年前、两年前孩子的过失都放在一块儿算。这样就冲淡了要批评过失的主题，孩子不知道挨批评的重点是什么，也不清楚父母让他改正什么，这也不是，那也不是，总是有缺点，容易使孩子产生消极情绪，失去信心。

4. 适当的沉默比喋喋不休更管用

批评孩子，最忌讳的是喋喋不休，这只会让孩子反感，如果关键时刻用沉默代替喋喋不休的语言，反而会收到更好的效果。

沉默实际上是对犯错的孩子进行的无言的谴责，在这个沉默的空间里，孩子卸除了对大人的防备，有了很大的自我感受和思考的空间，看到妈妈疲惫不堪的样子，孩子受到了强烈刺激，迫使他回想自己的所作所为，对父母的痛心和难过产生深切体会。一旦他能站在父母的立场思考问题，许多冲突就可以迎刃而解了。

5. 正确认识批评的目的

批评的目的是抑制孩子的不良行为、不良品德、不良习惯与不良学习态度等。为了使批评能够达到目的，父母在对孩子进行批评时一定要向孩子讲清楚不良品德、不良行为、不良习惯与不良学习态度的危害性，使孩子感到非常有必要克服这些缺点与改正错误，使孩子感到父母批评自己确实是为了自己好、是为了自己能够更快地进步。

父母心经

孩子在成长过程中难免会犯一些错误，批评孩子可以说是所有为人父母者的必修课。同时，批评孩子也是一门艺术，做父母的都应该努力去学习和探讨这门艺术，以便让我们对孩子的批评能有的放矢，如春风化雨般滋润孩子的心田。

孩子需要批评，因为恰当的批评能让他们少走弯路，但是孩子不需要训斥，因为训斥会让他们丧失尊严，训斥和批评不能画等号。另外，批评孩子也要讲究场合，要用适宜的方式批评孩子，如果把批评变成对孩子的情感虐待，就有可能造成孩子自卑、孤僻的性格，激起孩子的逆反心理。

记住，你和孩子是平等的

人与人之间的交往本来就应该是平等的、和谐的。这是一个很简单的道理，与孩子交往也是如此。但身为妈妈的我们有时却把它想得过于复杂。总感觉家长就得有家长的威严，家长的地位。当孩子的就应该从小对自己表现出惧怕和尊重，结果却把事情弄得越来越糟。

案例分享

张艳是一名幼儿园老师，作为一个幼教工作者，她深知“娇纵”给孩子带来的危害，然而孩子的爸爸总说：“孩子还小，什么事都由她吧！”没办法，在家庭中张艳只有充当起“黑脸”的角色，平时对女儿的要求更加严格。但是，从一件事情开始，张艳改变了自己对女儿的教育的态度。

那天晚上十一点多了，劳累了一天的张艳真想酣然入睡，可女儿还在兴致勃勃地玩。于是张燕开始哄着她说：“乖，咱们睡觉了。”孩子摇摇头，示意要玩玩具。张艳不由分说地将她的衣裤脱掉，塞进被窝，孩子却哭闹着钻出了被窝。

这个时候张艳心软了：还是再让她玩一会儿吧。于是过了半个小时，张艳再次让女儿睡觉，但这次女儿似乎动了真格，哭闹着示意张艳把裤子穿好。于是张燕开始生气地责骂孩子，结果孩子的哭声越来越响，张艳恼火了，在她的小屁股上“啪、啪”拍了两下。

这时候孩子哭得更委屈了，一只小手指着门外，示意要去外婆那里。张艳把她按倒在床上，心里犯起了嘀咕：好大的脾气呀！孩子这时一咕噜爬起来，一只小手敲打着张艳的身体，一边哭一边嘴里念念有词。

孩子的这一举动让张艳开始深有所思：虽然孩子还小，说话都还不利索，但她已经有了自己的思想，也是一个个体。父母不能一再要求孩子按照自己所愿，强迫她去干自己不愿意干的事情，我们应该学会平等地对待孩子，成为她最好的朋友。

在上面的例子中，我们不难看到，尽管张艳的孩子还小，但是她却已经有了自己的思想，不喜欢妈妈要求她去做自己不想做的事情。回过头来想想自己的孩子，是不是也有过类似的经历呢？其实只要妈妈能够放下架子，平等地对待自己的孩子，正确地引导孩子，不要把我们的要求强加给孩子。成为孩子的好朋友，就一定会走进孩子的心灵。

教子有方

父母的态度对孩子的影响是非常大的。在孩子年幼的时候，往往因为父母的一句话而暗自努力，也往往会因为父母的一句话而失去信心，从而产生自暴自弃、破罐子破摔的消极态度。不管怎样我们都要明白，孩子也有孩子的思想，他是独立的一个人，我们没有必要因为自己的年龄大，又是他的家长就强迫他去做自己不想做的事情。相反我们应该多多引导孩子，与他站在一个平等的位置上，遇事要用商量的口吻，我们与孩子的沟通才会更加顺畅，生活也因为相互尊重而充满快乐。

有些父母对孩子，总像是上级对下级那样，并强调他们自己的观点与尊严而不顾及孩子的想法，父母从来都是对的，而孩子从来都是错的。这样做，不仅得不到孩子的认同，还容易引起他们的反感，破坏父母在他们心目中的形象，因而达不到预期的教育效果。

如果父母们愿意回首童年或许会感慨地发现，那些让您刻骨铭心受益终身的教育大都是您最喜欢最爱戴的人给予的，而那些美好的记忆与您所厌恶的人可能毫不相干。父母们几乎都能发现这样一个现象：孩子如果喜欢一个大人，就很可能接受这个大人的教导以及他要求的一切；孩子如果讨厌一个大人，则可能讨厌这个人说的每一句话甚至会厌恶这个人的一切行为。孩子与自己的父母或其他人的关系也基本上如此。

其实，父母和孩子的交往，应该是平等和民主的，而不是独断的。首先在家庭中，在教育过程中要尊重孩子。孩子在家庭中扮演的虽然是子女的角色，但与父母一样，他们的价值和尊严，同样应该受到尊重。总之，在生活中要尊重孩子，父母要把自己放在一个平等的角度来与孩子交往，才能在教育孩子时，让孩子对自己更加信服。

父母心经

父母们要认识到，孩子是一个独立的个体，不是父母的“附属物”，他们有自己的思想和行为，也有自己的喜好，所以，父母们不能总是拿家长的“架子”去压制孩子，而是要和孩子平等相处，去融入孩子的生活，与孩子平等地交流沟通。只有这样，孩子才愿意和父母说心里话，才愿意与父母分享自己的喜怒哀乐，而且，在平等友爱的家庭氛围里长大的孩子，更不容易出现逆反心理。

第三章

善于激发，让孩子不再抵触学习

兴趣是最好的老师，学习也是如此，父母们要善于激发孩子的学习兴趣，帮助孩子克服厌学情绪。需要注意的是，兴趣是需要培养和激发的，而培养兴趣也要顺其自然，不能强制。在孩子的学习生涯中，父母做好孩子的“啦啦队”，是对孩子最强大的助力。

消除孩子的“学校恐惧症”

通常情况下，因为学校有许多玩耍的同伴，一个孩子会很乐意走进校园，但是，有些孩子却视学校为战场，宁可一个人待在家中，也不愿意到学校去，这可让许多家长伤透了脑筋。

案例分享

一位母亲曾讲述了这样一个故事：

她有一个好儿子强强，是少先队大队长，品学兼优，学习成绩名列前茅，连年被评为“三好学生”。谁知好景不长，一切都消失得那么快。那是一个闷热的早晨，该是儿子起床上学的时间了，可是他却一反常态，仍蒙着头赖在被窝里不肯起来，对父母的关注无动于衷，只是说“别来烦我”。直到9点左右他才起床，还严肃地说：“不去读书了，一提到学校我就比死还难受。”后来，每当该去上学的时候，强强总是紧张得面色发白，不是不断地跑厕所，就是呕吐或肚子痛去挂急诊。每次的检查结果都是正常，一到下午全部症状都自行消失。

最后，心理医生给强强诊断为“学校恐惧症”。这下，这位母亲可急坏了，什么病症都听说过，还唯独没有听说过这种病。

于是带着孩子去找心理医生，医生给出了如下解释：

一位优秀生，为什么会视学校如战场，感到如此紧张和恐惧呢？原因主要是过于认真、胆小、敏感，加上父母、老师或者本人过高的期望值，使之长期处于紧张状态。一旦某次学业失败，即成为导火线而出现学校恐惧症。

强强长期以来一直稳坐全班第一名的宝座，学习上从未受过挫折。他的“学校恐惧症”的导火线又是什么呢？原来本次期中考试，排在第二名的同学的成绩总分比强强只少半分，为此他极度紧张，感到自己第一名的宝座摇摇欲坠，从而心神不宁，无心听课、做作业，学习成绩一落千丈。他觉得末日来临，于是多次自寻短见，每次都在千钧一发之际，想到父母对他的期望而犹豫起来，最后干脆当逃兵，不肯去学校了。

教子有方

学校恐惧症与家庭教育以及学校教育有着密切的关系，所以父母在教育孩子时一定要注意以下几点。

1. 正确看待孩子的分数

很多家长只看重孩子得了多少分，不管考试难度如何。其实，考试难度对分数影响很大，如果家长不能正确地看待孩子的相对分数，就会导致孩子也不能正确而全面地看待自己的相对分数，坐井观天，只看绝对分数或只看自己在班上的名次，不利于孩子自我认识能力的发展。家长对考试分数的种种不正确态度，对孩子心理的健康发展影响很大。

因此，要摆正考试分数的位置，考试分数固然很重要，但它毕竟是表面的东西，它只是衡量学习成绩的标准之一而不是全部。要把掌握知识、发展能力作为孩子的学习目标。我们应把培养孩子具有合理的知识结构、能力结构和科学的学习方法，把发展孩子的全面素质摆在比考试分数更重要的位置上。

2. 正确看待孩子的考试成败

要正确地对待孩子考试的成功与失败。孩子学习、考试遇到挫折和失败的时候，帮助孩子寻找失败的原因，改进学习方法，给孩子以鼓励，帮助孩子尽快地摆脱低落的情绪，争取下次取得好成绩。如果孩子考试一直比较顺利，要在适当的时候有意地给他制造一些困境，让他经历挫折和失败，并引导他培养应对挫折和失败的能力。如果孩子经常遭受考试的失败，应该多给他鼓励，要帮助他修正学习目标，并帮助他分析失败的原因，让他体验成功，体验到正确的学习方法带来的良好效果，增加学习的自信心。

3. 用心和孩子沟通

发现孩子在学习中遇到问题时，父母要及时与孩子沟通。交谈时，父母应该对孩子抱着真诚关心和宽容体谅的态度，表示理解孩子在学习上遇到困难或挫折是难免的。同时，父母还可以谈自己过去学习成功或失败的经验教训，给孩子以必要的信心和勇气。在此基础上，再从以下几个方面了解孩子的情况：

（1）孩子是否认为自己无法成为优秀生？

（2）孩子在学习上是否尽了全力？

（3）孩子需要什么帮助吗？

（4）孩子上课是否用心？

（5）孩子平时喜欢与哪些人在一起玩？有没有受到什么消极影响？

（6）孩子的特长是什么？兴趣是什么？

（7）应向孩子的老师、同学或朋友了解孩子学习上的问题所在。

当孩子遇到困难时，要关心他、支持他、鼓励他坚持不懈、顽强奋斗。同时，也要鼓励孩子养成独立学习、不依赖他人的良好习惯，不要总是干预、指导、帮助。另外，要鼓励孩子树立切合实际的目标，一步步地争取，不要妄想一步登天。

父母心经

如今，学校恐惧症是一种很普遍的现象，造成这种现象的直接原因就是家长与学校错误的分数观、成败观。所以，在面对孩子的一些学习问题时，应该学会给孩子创造一种更宽松的环境，让他自由发挥，在培养孩子正确的学习方法的同时，也要注重转变自己以及孩子各种错误的学习观念。

培养兴趣要顺其自然

俗话说："强扭的瓜儿不甜。"培养孩子的学习兴趣，应顺其自然，正确引导，使孩子对学习持积极的态度，让孩子乐学不倦。

案例分享

"快去练琴！"妈妈又开始冲着在玩翻绳的女儿吼了。"又要让我面对讨厌的钢琴，我情愿去死！"乐乐心想。一天，乐乐终于鼓起勇气，眼泪汪汪地恳求道："妈妈，求求你，别再让我学钢琴了！"

妈妈听后火冒三丈，瞪着眼睛吼道："你不想学钢琴想干什么？马上给我学琴去，不然，看我怎么收拾你！"

乐乐见妈妈气成这个样子，也不敢再说什么了，只好坐在琴凳上。

从那以后，孩子再也不提不学钢琴的事了，可是，一天晚上，妈妈回家后发现钢琴不见了，当孩子拿出一沓钱平静地告诉妈妈这是卖琴所得的钱后，妈妈哭笑不得。

教子有方

古人云：“知之者不如好之者，好之者不如乐之者。”兴趣对孩子的学习有着神奇的内驱动作用，有兴趣才有渴求，有渴求才会主动积极。兴趣能变无效为有效，化低效为高效。充分激发孩子的学习兴趣是家长培养孩子学习主动性的有效途径。

学习兴趣是孩子有选择地、积极愉快地学习的一种心理倾向，它是推进孩子进行自主学习的原动力。

只有孩子对学习内容有足够的兴趣，才会产生强烈的探索欲望和饱满的情绪状态，才会自发地调动全部感观积极、主动地参与到学习中去，学习就不再是枯燥的事情，学习效率就会提高，也才能取得较好的学习效果。因为兴趣使他们产生无穷的渴望和勇往直前的热情。

兴趣能够让孩子更多地接触该领域的内容，积极主动地寻找自己需要的答案、兴趣，还能够激活思考。在很多时候，兴趣就是学习的方向，梦想的来源。

孩子只有对学习产生浓厚的兴趣，才会专心听讲，积极思考，从而学到新的知识。如果孩子对某一学科的学习产生了兴趣，就会表现出对这一学科学习的一种特殊情感，学习起来乐此不疲，正所谓“乐学之下无负担”。

既然是孩子的兴趣，必须是发自孩子内心的爱好，而绝不是家长的强迫命令和个人意志。那些急功近利的家长，当他按照自己的愿望和意志去刻意培养孩子的某些“兴趣”时，这种“兴趣”对孩子来说便成了一种负担，并对孩子的正常学习造成严重的负面影响。因此，家长培养孩子的兴趣应该坚持的一个原则，便是顺其自然，不强求和不扭曲。

当然，这里的顺其自然并不是放任不管，而是把有效的生活知识传递给他们后，引导他们在正确的轨道上发挥自己的创造力和想象力，而不是把他们限制在某一点上，也不是让他们重复一些可以避免的愚蠢的错误。

1. 善于发现孩子的兴趣

家长只有了解孩子的心理特点，及时发现孩子容易产生兴趣的情况，才能科学有效地培养孩子的兴趣，容易使孩子产生兴趣的事物大概有以下四种，如表 3－1 所示。

家长应该充分利用下面这四种情况，采取多种方式方法诱发孩子的学习兴趣；一是以自己的兴趣引发孩子的兴趣；二是创设愉悦的情境，重视孩子容易产生兴趣的事物，或开展活动激发兴趣，并进行“强化”；三是对孩子容易产生兴趣的事物和活动加以肯定，并积极激励；四是采用提供榜样、参观访问、参加活动等方法诱发孩子的学习兴趣等。

表 3－1 孩子容易产生兴趣的事物

类　别	举　例
能给孩子带来愉快和让孩子感到有趣的事物	唱歌、玩游戏、踢球等
以前经历过并且取得成功的事情	一道难解的数学题、一次成功的实验等
能引起孩子注意和激发好奇心的事物	磁铁、望远镜等
孩子最想取得成功并有成功希望的事情	在某一项活动中能成为班里的第一名等

2. 引导孩子提升与兴趣相关的技能

家长可以通过自己教、请人辅导、提供有关书报等方式，让孩子不断丰富自己在感兴趣的事物上的知识和技能。孩子的兴趣会随着知识的增加而增长，技能越高，兴趣越大。例如练习钢琴时，孩子一旦在某种程度上掌握了知识和技能，就会愿意学习。经过学习提高了水平，兴趣也就随之而增强。

3. 让孩子获得成就感

心理学研究表明，孩子在进行某项活动时，取得成功，受到鼓励，就会获得愉悦感和成就感，取得多次成功就会对这项活动抱有好感，产生兴趣。因此，家长要培养孩子的学习兴趣，就应该认识到学习兴趣的特点，千方百计地创造条件，指导、帮助孩子成功，即使孩子失败了，也应该充分肯定积极的因素，帮助孩子分析、吸取失败的教训，鼓励孩子不怕挫折，继续努力。

4. 对孩子的要求要合理

家庭教育并不要求培养专才，而是注重培养孩子正当的兴趣，养成良好的习惯。家长应让孩子在德、智、体全面发展的基础上，让孩子具有多方面的兴趣，发展他具有潜能的兴趣爱好，成为“合格特长”的人才。不能让孩子只顾感兴趣的事物而偏废其他。另外，由于每个人的智力和才能都有差异，因此对孩子兴趣的发展也应量力而行。

父母心经

兴趣是一切爱好的根源，有了兴趣才会产生求知欲，而求知欲是人类最有价值、珍贵的欲望，如果父母不懂得启发、引导孩子的兴趣和求知欲，将是遗憾的失误。因此，做父母的需要耐心地观察，抓住孩子身上的兴趣点，顺其自然地激发他们的求知欲，绝不能轻易进行打击或嘲笑。

利用好孩子的好奇心

强烈的好奇心能使孩子产生学习的兴趣，孩子只有对学习产生了兴趣，才能从学习中体验到快乐，才会热爱学习，并主动学习。

每个人在成长的过程中看到自己不了解的事物都想探个究竟，小的时候更是这样，孩子会对自己看到的一切感到惊奇，常常会向父母问这问那，久而久之即使最有耐心的父母也会感到麻烦、费劲，其实他们往往忽视了重要的一点，好奇心是促使孩子学习、成长的良机。

案例分享

小斯宾塞有一段时间只爱玩游戏，对书本不感兴趣。一天，老斯宾塞拿着个沙漏，告诉他说，这是古时候的钟表，里面的沙子全部漏下去时，正好是三分钟，小斯宾塞想玩玩这个沙漏。这时老斯宾塞说，以沙漏为计时器，和爸爸一起看故事书，每次以三分钟为限。小斯宾塞很高兴地答应了。

小斯宾塞果然静静地坐下来听爸爸讲故事，但事实上他根本没有认真看书，而是一直看着那个沙漏，三分钟一到，便跑去玩了。老斯宾塞没有气馁，他决定多试几次。这样数次之后，小斯宾塞的视线渐渐由沙漏转移到故事书上了。虽说约定为三分钟，但三分钟过后，因为故事情节吸引人，小斯宾塞听得特别入神，他要求延长时间，但老斯宾塞坚持“三分钟”约定，不肯继续讲下去。小斯宾塞为了早点知道故事情节，就自己主动阅读了。

开始的时候，老斯宾塞在一旁陪伴孩子读书。遇到不认识的生字，小斯宾塞也懂得询问了。不久，老斯宾塞教孩子学习查字典。小斯宾塞在以后的短短半年中，学习的生字超过了很多大孩子。当然，故事书也远远不能满足他的阅读兴趣了，小斯宾塞开始广泛地阅读有用的书籍，大大开阔了自己的视野。

在人类社会里，对任何事物都保持一种强烈的好奇心的人，兴趣往往十分广泛，创造力也特别强。这种人对大家觉得平常的问题，依然保持着强烈的好奇心和旺盛的求知欲，驱使着他不断学习、积极进取。

教子有方

孩子们经常会问：“妈妈，我是从哪儿来的?”“天上的星星为什么会发光?”“为什么小鸭子会在水里游泳，小鸡却不会?”……孩子们总是有问不完的问题，其实，这是因为他们对大千世界充满了好奇，渴望通过自己的探索了解世界。所以，父母们一定要利用好孩子的好奇心，让孩子获取更多知识，收获更多成长的乐趣。

1. 保护好孩子的好奇心

保护孩子好奇心的诀窍是大人要有童心，要会换位思考。大人对孩子的好奇心不能理解，甚至不耐烦是因为孩子因好奇心而引发的问题，大人早就知道了，站在大人的角度，没什么可解释的。正如一位作家所说：“我们的眼睛变得只盯着追求的目标，以至于对眼前的玫瑰花也不惊奇。”

因此首先要解决的问题是尊重孩子的好奇心，允许他提问。其次不要敷衍孩子，要给孩子的提问以满意的回答。如果自己不懂，就带孩子一起去找答案。另外，家长要学会说这样一句话："我真喜欢你爱提问题。"有时对孩子的提问，还可以不用马上提供答案，而是进一步提出一个疑问和悬念，激起孩子更强的好奇心。最后，允许孩子探索，比如拆东西。家中如果有贵重东西，尽量放在孩子看不到的地方，如果他看到给拆了，也千万不要责备他。否则对孩子的好奇心是致命的打击。

好奇心是孩子们的天性，也是他们敢于探索新知，敢于创新的动力。创造精神就像是一双巨大的翅膀，能带领孩子在知识的天空里展翅高飞。父母可从保护孩子的好奇心开始，培养他们的创造精神。

2. 用好奇心引导孩子

好奇心不是凭空产生的，它是可以培养的，如果学习的内容就像一壶白开水，没有一点悬念，没有人会对此产生兴趣，真正的趣味学习在于制造悬念，由浅入深。

有一对父母，他们不是把孩子看的书放在书桌上，而是把书籍藏起来，可爱的孩子觉得父母既然把它藏起来，肯定是一本不同寻常的书，便"偷"来仔细阅读。可见，只要掌握了孩子的好奇心，就不怕孩子没有学习的动力。激发孩子的好奇心，是父母成功引导孩子的关键所在。

3. 营造能激发孩子好奇心的环境

环境刺激是丰富多彩的。当世界上千姿百态的事物具体地呈现在孩子的面前时，要让他们亲自去看看、听听、闻闻、尝尝，以至摸、掰、拆等摆弄一番。这实际上就是让孩子主动去探索生活中的奥秘。日常生活中，可以让他们多玩些色彩鲜艳的或者能活动、能发声的玩具，如各种娃娃、带动力的小汽车、飞机及小铃铛、玩具乐器等等，从一开始认识世界就丰富他们的眼界。在节假日还可以带他们出去郊游，大自然中的花草树木，鸟兽虫鱼、青山绿水都充满了知识的奥秘，对孩子有着无穷的吸引力。

4. 让孩子自己多动手

根据孩子模仿性强、爱动的特点，可以让他利用手边的工具，充分运用各种感官，自己观察，自己动手操作，让孩子体验到一种自我成就感和乐趣。比如让孩子自己制作简单的玩具，自己设计一种游戏等。他们对于自己动脑筋想出来、自己动手做出来的东西，有一种偏爱和特殊的兴趣，因而类似的活动有利于激发他们强烈的好奇心和求知欲。

5. 用故事激发孩子的好奇心

故事是用口语化的艺术语言来表达的，它有内容，有情节，形象生动，孩子一般都非常喜欢听。故事不但能丰富孩子的知识，开阔孩子的视野，使他们从中懂得人生的哲理和人生价值，而且还能起到增强好奇心、丰富想象力，从而激发求知欲的作用。

父母心经

孩子常常对我们已经习以为常的东西表现出极大的兴趣，好奇心是孩子们的天性，往往蕴藏着不可预测的潜能，也是他们敢于探索新知，敢于创新的动力，是获得智慧的关键。保护孩子的好奇心，就是保护孩子的未来幸福。

让孩子在“玩中学”

玩是孩子的天性，是一种主动“学习”的态度。其实玩并不都是害人害己，与学习并不是势不两立的，如果处理得当，两者完全可以相辅相成。尤其是健康的娱乐内容，十分有利于孩子综合素质的培养，除了执着的精神外，还有思维能力、观察能力、合作能力等，都可以在玩中得到培养，教育界提出的“愉快教育”就是基于这样的指导思想。

案例分享

故事一

英国伟大的数学家麦克斯韦，他在数学方面的天赋就是他的父亲发现和培养出来的。有一次，他偶然发现儿子画的画很特别，引起了他的注意。儿子画了一个插菊花的花瓶，但是所有的菊花都是由几何图形组成的，大小不一样的三角形的叶片，它们的形状搭配得非常巧妙。父亲非常惊异地发现儿子对几何图形的控制能力，继而不断地启发引导，使他很快对数学入迷，终于成为一代杰出的数学家。

故事二

2001 年 10 月，在第一届全国京剧戏迷票友电视大赛中，一个叫刘小源的 4 岁孩子唱的《野猪林》选段“大雪飘”，征服了观众、评委。担当大赛评委的中国戏曲学院原副院长赵景勃教授在点评时都不知道该说什么好，于是给了一个超常规的评语："我们都不知道该怎么评了。她简直就是一个小人精！今后戏剧界可以考虑设个神童奖。"最终刘小源获得金奖，成为最受观众欢迎的票友。从此，一个4岁的孩子，凭借一出"大雪飘"红遍大江南北，成了"名人"，成了破"纪录"的小明星。这其中有什么奥秘呢？

刘小源的父母都是京剧票友，爸爸唱小生，妈妈唱梅派青衣。两个人经常在家里唱念做打。也许是耳濡目染的原因，刘小源从小就对京剧表现出独特的兴趣。好玩好动的刘小源爱模仿，她经常扯起床单披在身上，然后做出各种造型，让妈妈猜是京剧里的哪个人物，一会儿是《霸王别姬》里的虞姬，一会儿是《红楼梦》里的林黛玉。在大家的眼里这是学习，但在孩子眼里却仅仅是好玩。就是在玩中刘小源学唱会了许多京剧唱段。

教子有方

玩作为一种主动"学习"的态度，可以启发孩子的兴趣爱好，还可以从中发现问题，培养主动性。因此家长不应该过多地干涉孩子玩耍的时间，而应该给予积极、正确的引导。

1. 玩是儿童的权利

玩是儿童的天性，也是儿童的权利，就像儿童要吃饭穿衣一样。玩作为儿童的不可剥夺的权利，是儿童成长的需要，剥夺儿童的玩的权利不利于儿童的身心健康。

对于儿童来说，玩其实也是认识世界、了解世界的一种重要的学习方式。儿童用他自己的方式了解这个世界，在玩中感受着这个世界，我们不能用成人认识世界的方式取代儿童认识世界的方式。

然而，有的父母并不真正认可“玩是儿童的权利”这一观念，并且常常限制孩子的玩。也有的父母即便允许孩子玩，也总是把玩的意义建构在学习的基础上，当他们认为某种“玩”对学习有益的时候，就允许孩子玩，而当他们认为某种活动对学习没有什么好处的时候，就以“影响学习”为理由，限制孩子的选择。

2. 给孩子留出“玩”的时间

每天给孩子留出可支配的自由时间，让孩子在这段时间里自由玩耍。一些父母总怕孩子的时间空下来，当孩子写完作业以后，马上给他安排了画画，刚画完画，又安排了学外语，外语学完了还有钢琴。这样做的结果，是孩子没有了自己的意志和想法，几乎成了一个机器人，在大人的紧张安排下失去了自我，以至于越来越懒散、麻木和消极。

3. 在玩中激发孩子的思考

爱玩是孩子的天性，孩子们在游戏中不仅可以收获快乐，而且还可以锻炼自己的各项能力，收获知识。所以，在孩子们玩游戏时，父母可以有意识地引导孩子学习一些新知识，激发孩子的思考。

比如，可以和孩子一起玩数数游戏，在数数的过程中，让孩子对数字更熟悉，同时也让孩子更理解数字的含义。

不仅如此，父母还可以多设计一些有趣的小游戏，将知识或问题隐含其中，在玩的过程中让孩子发现问题、思考问题、解决问题，这样，孩子不仅收获了快乐，也很好地培养了勤于思考的好习惯。

父母心经

孩子的世界有其独特的规律，遵循了这一规律，教育就成功，违背了这一规律，教育就失败。在孩子眼里，一切都是游戏，刘小源唱京剧就如同在玩游戏，游戏就是她心中重要的工作。所以父母应当尊重和理解孩子，尊重和理解孩子的世界，不能以成年人的思维揣度孩子甚至约束训练孩子，剥夺孩子玩的权利。

激发孩子学习的动机

学习动机是掌握知识、形成完善品格的重要条件，是直接推动孩子进行学习活动的内部动力。孩子们到学校去学习，动机是千差万别的，有的希望像哥哥、姐姐那样戴上红领巾，有的想跟同学在一块儿玩，有的是由于父母的启发和要求。

一般说来，低年级孩子们的学习动机是直接与学习活动相联系的，他们主要感兴趣的是学习活动本身：手里的小棍，书里的画面等等，对学习的结果如何，常常不大关心。小学中高年级的孩子会逐渐理解学习的社会意义，明确学习的责任，义务感会大大增强，从要我学逐渐过渡到我要学。许多聪明的孩子在家中和学校都没有激发起学习动机，当他们不尽力去取得成绩时，学习动机是不可能被自动纠正过来的。那么，父母和老师就必须介入。

案例分享

一天，孩子突然对你说："妈妈，航海家是干什么的？"你认真地告诉孩子："就是出海航行，探索大海的奥秘。"孩子高兴地跳起来："这个职业太好了，我长大了也要当航海家！"你感到十分惊喜，孩子的理想远大，自己能不高兴吗？于是对孩子说："你的志向很好，妈妈替你高兴！"孩子天真地问你："妈妈，可是怎样才能当航海家呢？"你拍拍孩子的脑袋，郑重地说："要想成为一名航海家，就要掌握很多航海方面的知识。这些知识很复杂，可不是现在一下子就能学会的哟。当务之急是要学会各门文化知识，这是需要平时一点一滴积累起来的，只有从小好好学习，才能实现自己的理想。"孩子认真地点点头，说："我明白了！只有现在好好学习文化课，才能实现当航海家的理想！"

当孩子将自己的远大理想告诉家长的时候，止是引发孩子对学习产生向往之情的大好时机，上面这位家长做得非常正确，在孩子对她说想当航海家的时候，趁机告诉孩子想当航海家需要学习有关的知识，这样就激发了孩子的学习兴趣。

教子有方

1. 要善于激发孩子的学习动机

家长们要利用一切教育时机，从各方面激发孩子的学习动机。比如：孩子喜欢小动物，就带他们到动物园去观察，给他们看一些介绍动物的画片、图书，教育他们多读书，以后就能掌握更多的知识，成为动物学专家。孩子喜欢漂亮的房子，可以因势利导，要他们学好数学、美术等，将来成为建筑师。总之，可以利用一切具体的人和事物及时教育孩子主动地、认真地学习，逐步理解学习的社会意义。

2. 及时反馈，强化孩子的学习动机

随着年龄的增长，孩子们对学习的内容和结果越来越关注。在学校里，我们常看到这样的现象，在低年级的课堂上，孩子们乐于举手回答教师的提问，对回答的内容和结果不够注意，甚至站起来张口结舌回答不出来，但他们仍然乐于举手。

从中年级起，孩子对父母的提问变得慎重起来，因为他们知道，回答的好坏反映了学习的成果，涉及父母和同学们对自己的评价。因此，到了高年级，家长要注意让孩子及时反馈他们学习的成果，要根据孩子的特点与程度，正确地评估他们的成绩，以鼓励为主，不断提出新要求，帮助孩子树立正确的学习动机。

3. 利用家庭环境激发孩子的学习动机

家庭对孩子学习动机的形成具有基础性的影响。如果家长认为“读书没有用”“赚大钱才是好样的，而这不一定需要学习好”，就很可能使孩子建立消极的文化知识价值观，将通过学习动机长期对孩子的学习产生不利影响。家长文化层次较高，家长业余时间用于学习较多，关心孩子学习，孩子的学习成绩就很可能较好。

4. 用“成就感”激发孩子的学习动机

孩子如果能从学习的过程本身获得成就感，这将是最理想的情况。另外，家长对孩子的期待经常能内化为孩子的自我期待。

孩子刻苦学习时经常是愉快的，不愿意学习的人才会对学习感到痛苦。孩子如果具有学习的内在动机，学习成功是指日可待的。他解答了一道难题，他写了一篇出色的作文，心里会产生满足感，很快活。所以家长要相信绝大多数孩子是愿意学习的，是有旺盛求知欲的，家长对他的谆谆教导和严格要求是外部动机，但这可以转化，当孩子完成学习任务后要使他体验乐趣，表扬鼓励他，慢慢地内部动机增加了，学习逐步变成自觉的行动，最后变成自动的行动了。此时就很少需要家长的督促。

4. 鼓励孩子提问，认真回答孩子问题

鼓励孩子多提问题，认真地回答孩子提出的问题，对于激发孩子的求知欲有很大的积极作用。有些家长认为，孩子的问题都没用，于是敷衍孩子，甚至把荒诞的、不科学的内容灌输给孩子，这种做法是极不正确的。作为父母，应该认真对待孩子的每一个问题，尽量避免给孩子错误的答案，让孩子对事物产生错误的认识。

父母心经

父母要想让孩子主动学习，爱上学习，除了对孩子有一颗爱心之外，还要善于激发孩子的学习动机。家长要使孩子明确

学习目的，要设法用知识吸引他们的学习兴趣和注意力，使他们在学习活动中感受到学习过程本身带来的乐趣，从而调动学习积极性。

为孩子营造良好的学习环境

孩子离不开父母的培养，孩子的教育是从父母创造的家庭环境中开始的，孩子的各种能力也是从与家庭成员的接触中逐渐得以提高的。可以说，父母创造的家庭环境的好坏，决定了孩子的未来。

案例分享

今年上三年级的豆豆从小就是个让父母特别省心的孩子。由于父亲工作变动，全家临时搬到了另一个城市。他们的新家位于一个菜市场附近，小区前的那条街道每天人来车往，热闹非凡。周末的时候豆豆也会经常跟随母亲去菜市场买菜。

有时候他自己也会去那里找伙伴们玩。慢慢地，母亲发现儿子变了，坐着的时候喜欢跷着二郎腿，学习的时候也总是动来动去的，东张西望，甚至有时侯嘴里还会蹦出脏话。母亲特别疑惑，不知道孩子是怎么回事。经过几天的观察，她发现原来孩子在学菜市场里的一些闲杂人员。于是，她马上和丈夫商量，为了给孩子一个良好健康的环境——搬家。

教子有方

对于孩子来说，他们在学习的时候必须做到专心致志，心无旁骛，因此，需要家长为孩子营造良好的学习环境。

1. 孩子最好有固定的学习地点和时间

家长要给孩子预备固定的学习地点，桌椅位置固定，不能随意搬动。这样孩子容易形成专心学习的心理定式，一进入这个环境，大脑就进入学习状态。桌子上不能乱七八糟地堆放东西，只能放课本、作业本、文具以及必要的工具书，旁边有一个小书架更好。不要放玩具、零食，以免干扰孩子学习。

2. 给孩子安静的学习空间

孩子学习时，家人应尽量保持安静，电视机、收音机最好不要开，如果在不同的房间，应把门关好，声音调小，说话不应大声，尤其不要吵架。

3. 营造温馨和谐的家庭氛围

家庭人际关系如果不和谐，经常吵吵闹闹，对孩子是一种心理干扰、情绪压力，孩子会产生焦虑、恐惧、厌烦等心理，无法安心学习。一颗小苗要有充足的阳光雨露去滋润，周围要有适宜的生长条件，经过很长的生长期，小苗才能长成参天大树。孩子要成长成才，除了自身努力外，在学校受到良好教育的同时，还要有一个文明、和睦的家庭环境。因此，每位家长要有意识地提高自身修养，为建立一个良好的家庭环境尽职尽责。

4. 选择良好的居住环境

在居住环境选择上，父母应该多考虑绿化比较好、容易接近自然、社区文化活动比较多的小区；在学校环境的选择上，父母应多考虑学校的文化环境，不要一味地重视学校的升学率和硬件设施建设等。总之，在孩子的居住环境选择上，父母应首先考虑选择具备愉快的学习和生活气氛的环境。

父母心经

父母应营造出欢乐的、充满爱的家庭环境，这是教育孩子的首要条件。夫妻间的相互尊重和帮助，似乎与孩子的教育无关，却是给孩子上的第一课。刚出生的孩子，大脑是一片空白，在每天生活的刺激下，大脑逐渐把外界的信息进行归纳整理，形成自己的智力。良好的夫妻关系，将大大促进孩子的心理健康和智力的发展。

第四章

掌握方法，让孩子的学习事半功倍

学习不仅需要努力，还需要良好的学习方法，如果只是一味闷头苦学，不注重学习方法，最后虽然花费了大力气，却达不到好的学习效果。父母要引导孩子掌握科学的学习方法，并和孩子一起探讨分析，让孩子的学习如虎添翼。

教孩子掌握科学的学习方法

当孩子面对新的问题时，如果能和已有的知识建立起联系，会让解题过程变得更轻松。考试的真正目的，也正是让孩子自如运用已有的知识来解决新的问题。然而，联系已有知识的关键在于一个字——活，如果用得过于死板，反而会起到不好的效果。

案例分享

张先生把9岁的儿子带到美国，就像是把自己最心爱的东西交给了一个并不信任的人去保管，整日忧心忡忡。

令张先生感到惊奇的是，孩子竟然可以在课堂上放声大笑，学校每天最少让孩子玩两个小时，下午不到三点就放学。最让父亲开眼界的是根本没有教科书。一个学期过去了，父亲把儿子叫到面前，问他美国学校给他最深的印象是什么。孩子笑着说了一句英语："自由！"这两个字像砖头一样，拍在老爸的脑门上。

不知不觉一年过去了，儿子的英语长进不少，放学之后也不直接回家了，而是常去图书馆，时不时就背回一大书包的书来。问他一次借这么多书干什么，他一边看着那些借来的书一边打着电脑，头也不抬地说："做作业。"

这叫作业吗？一看儿子打在电脑屏幕上的标题，父亲真有些哭笑不得——《中国的昨天和今天》，这样天大的题目，即便是博士，敢去写吗？于是乎他严声厉色，问是谁的主意。儿子坦然相告："老师说美国是移民国家，让每个同学写一篇介绍自己祖先生活的国度的文章。要求概括这个国家的历史、地理、文化，分析它与美国的不同，说明自己的看法。"父亲听了，连叹息的力气也没有，真不知道让一个只有10岁的孩子去运作这样一个连成年人也未必能干的"工程"，会是一种什么结果。他只觉得，一个孩子如果被教育得不知天高地厚，以后恐怕是连吃饭的本事也没有了。

过了几天，儿子完成了这篇作业。没想到，打印出的竟是一本20多页的小册子。从九曲黄河到象形文字，从丝绸之路到五星红旗……内容丰富极了。父亲没有赞扬，也没评判，因为自己也有点发懵，一是他看到儿子把这篇文章分出了章与节，二是在文章最后列出了参考书目。这是父亲本人在读研究生之后，才开始运用的写作方式，那时，他已经30岁了。

教子有方

教孩子掌握科学的学习方法，父母要注意以下几点。

1. 引导孩子去认识和发现

要帮助孩子去构建知识体系，而不是复制知识。前人留给我们的知识，对孩子来说是未知的，家长要引导孩子自己去认识和发现，孩子自己在学习中发现问题至关重要，当孩子提出有价值的问题时，家长应该因势利导，让孩子知道什么样的问题有价值，这对培养孩子发现问题的兴趣、养成提出问题的习惯都有好处。

2. 引导孩子学会反思

家长要引导孩子学会反思，反思自己在学习中遇到的问题，反思自己考试失利的原因。只有通过反思，孩子才能不断地总结经验，更快速地成长。比如，家长可以让孩子就某一次考试进行分析总结，写出考试中存在的问题，对以往知识的掌握情况以及这次考试中自己做得好的和做得不好的地方。

通过这样的反思总结，孩子会更加了解自己，对自己将来的学习也会更有信心。

3. 让孩子学会用已有的知识解决难题

对于孩子学习上遇到的难题，家长可以让他寻找各种关联内容，或者在内容上有一定的逻辑关系，或者在规律上有一定的相似之处。这样有助于孩子加强知识间的横向联结，提高综合应用的能力。

当孩子遇到困难时，父母可以引导他回忆以前学过的相关知识，努力寻找相互间的联系。可以把难题分为几部分，每部分都用相应的知识解决。

父母心经

对于孩子的学习来说，勤奋努力很重要，掌握科学的学习方法更重要，所以，父母在关注孩子是否努力的同时，也要注意孩子的学习方法是否恰当。当发现孩子学习很努力，但成绩却一直不理想时，父母一定要多和孩子交流学习方法，帮孩子一起寻找更合适的学习方法。另外，父母也可以购买一些学习方法方面的书籍，和孩子一起分析研究，总结出真正适合孩子的一套学习方法。

交叉学习，轻松高效

孩子的学习与身体和大脑息息相关，身体要休息，大脑也要休息。人不是机器，可以重复一样的动作。用脑也就如同用土地，要想在土地上获得丰收，就必须不断地换种农作物，让土地有休息的时间。学习也一样，我们要想好好地利用大脑去学习，也需要不断地变换学习内容，不宜长时间地学习同一科目。盲目地持续很长的时间，只能使学习变得痛苦而不会有任何效果。

案例分享

今天上课，老师讲了交叉学习的好处，女儿准备把这种方法运用到学习中去，没想到被你发现了。

“宝贝，数学作业做完了吗？怎么又去背英语单词了？”你有些不满地问。

“妈妈，你不知道了吧？这叫交叉学习！数学学累了，就换学英语，英语学累了，再换语文。交叉学习就等于休息，懂吗？”女儿像个小博士似的给你讲。

“什么？这也叫休息？这样不打乱思路了吗？”你疑惑地瞪大双眼。

教子有方

交叉学习符合大脑工作的规律。在学习的时候，大脑主管的视、听、读、写以及记忆、分析等功能区，都处于高度兴奋的状态。如果长时间学习某一门课程，就会使某些功能区受到抑制，而且会越来越强，使大脑产生疲劳感，出现困倦、头痛等症状，因而影响学习效果。

1. 在学习计划中体现交叉学习

当孩子制订学习计划时，父母最好能让孩子在计划中标明交叉学习的时段。这样，孩子就会自觉地运用交叉学习的方法，避免可能出现的学习疲劳，同时，也有利于孩子养成交叉学习的习惯。

2. 文理科交叉学习

交叉学习内容差别较大的不同书种，比长时间读一种书籍的效率高。生理学家研究发现，不同学科在大脑中使用的脑区是不同的，左半球侧重于逻辑与抽象思维，右半球侧重于形象思维。因此，家长应让孩子在做完理科习题后，最好换一种记忆性强的科目，比如英语、语文等，这样，大脑左右半球轮流休息，学习效率会更高。

3. 同一学科内交叉学习

在复习阶段，家长可为孩子找一些涉及不同部分知识的综合应用题，引导孩子交叉学习同一科目内的不同部分，使孩子通过前后比较分析，加深对知识的理解，提高应用能力。还可以让孩子在复习的中间休息一下，听听歌、读读报、弹一首喜欢的曲子，等等。

4. 控制好学习时间

当孩子制订学习计划时，家长最好能让孩子对单一科目的学习时间进行适当控制。这样，就等于在更短的时间内完成单一科目的学习任务，会明显提高学习效率。

重点科目需要孩子下大力气去学习，学习时间也较长，因此，家长最好能让孩子把每天的学习任务分成几段时间完成，分别进行学习，这比连续学习效率要高。

父母心经

交叉学习是为了让大脑得到休息，从而提高学习效率，而且交叉学

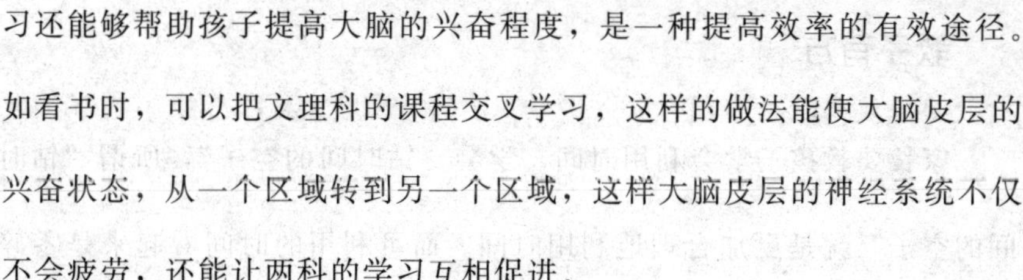

习还能够帮助孩子提高大脑的兴奋程度，是一种提高效率的有效途径。如看书时，可以把文理科的课程交叉学习，这样的做法能使大脑皮层的兴奋状态，从一个区域转到另一个区域，这样大脑皮层的神经系统不仅不会疲劳，还能让两科的学习互相促进。

引导孩子善于利用时间

现代生活中，最困扰人的莫过于时间问题了。如何做个分秒必争的爸爸（妈妈），在教育孩子和生活工作上得到均衡，真不是件容易的事。但是，鲁迅先生早已说过，时间就像海绵里的水，要挤总是会有的。可见，争取时间、赢得时间才是孩子高速度、高效率学习的保证。

案例分享

早晨，爸爸送孩子上学，一边走一边问："儿子，昨天语文课老师讲什么内容了？"爸爸本想利用上学路上的时间让孩子复习一下昨天的学习内容，没想到儿子却说："老爸，这是走路时间，我们要专时专用，这可是你经常教育我的。"

爸爸无言以对，但爸爸的意思是要让孩子学会专心，不能学习时想着玩，玩时想着学习，可没想到儿子竟然"活学活用"，让爸爸哑口无言。

教子有方

家长要教孩子学会利用时间，学会“钻时间的空子”，所谓“钻时间的空子”就是更加合理地利用时间。而可利用的时间看起来是零碎的，有时还是突然空出来的。因此，家长应教孩子学会如何去寻找可用来学习的时间。如果你的孩子懂得了时间的价值，学会了科学合理地利用时间，他就成了时间的主人。

1. 教孩子学会规划时间

比如，从家到学校的 10 分钟路程，让孩子用这 10 分钟的时间记住几个英语单词并不困难，这样做孩子不仅背会了单词，更重要的是养成了节约使用时间的良好习惯。

比如让孩子在一天当中，一定要办最重要的事情，用大部分时间去处理最难、影响最大的事等。

2. 教孩子利用好零碎的时间

零碎的时间主要是指学习的间歇、用餐时间、上学或放学路上所用的时间，等等。在零碎的时间里，孩子基本上无法完成什么重要的事情。如果不把这些时间利用起来，就会白白地浪费掉，那样就太可惜了，因此应让孩子将零碎的时间运用到学习上，这样会节约很多时间。

比如，孩子在等车的时候，可以记公式、背单词；饭后散步时可以观察事物、思考问题；入睡前，可以回忆、复习当天的学习内容，等等。

总之，家长应让孩子尽量充分有效地利用这些零碎的时间，抓住每一分钟时间有效地学习。这样，孩子的学习效率才能大大提高。

3. 让孩子抓紧每一小块时间

不要等到大块时间出现才让孩子去学习，因为孩子每天的时间也很紧张，很难抽出一大块完整的时间，但一小块时间还是有的，家长应教育孩子不要等万事俱备才行动，要随时行动。记住，一旦开始行动，就离成功近了一步。

比如：孩子完成家庭作业需要一小时的时间，而放学回家后距离吃饭时间只有半小时，有些孩子就想，反正作业做不完了，干脆等吃完饭再写吧，这样就把饭前半小时白白地浪费掉了。你可以让孩子利用饭前半小时完成语文作业，然后再利用饭后半小时完成数学作业，这样就能很好地利用时间。

父母心经

时间宝贵而又易逝，因此，父母要教孩子珍惜时间，更要教会孩子更好地利用时间。会利用时间的孩子将会有更多的收获，父母可以教给孩子一些合理规划时间的方法和技巧，比如，可以利用烧开水的时间来洗漱，利用临睡前的时间复习白天学过的重点内容，利用上学路上的时间记单词等。只要善于观察，善于思考，父母一定能帮孩子找到很多利用时间的小技巧。

集中注意力很关键

注意力是知识的窗户，没有持久的注意力，知识的阳光就照射不进来。要想获得知识，必须集中注意力，排除一切干扰。孩子注意力不集中，通常表现为两种情况：其一是注意力飘浮不定，注意的目标会经常转移；其二是心不在焉，常沉浸于白日梦中而忘记眼前的事情，后者其实不是孩子的注意力不集中，只是干扰太多。只要家长用心纠正，使他们将注意力转移到学习上去，往往会有大的改观。

案例分享

小惠聪明伶俐，人见人爱，可一写作业就犯糊涂。学校留的家庭作业其实并不多，可她几乎每天都要写三四个小时。不是不会做，就是想着玩，反正是快不起来，好像一点儿也不着急。如果不是父母在身边盯着，肯定写到天亮都完不成。她还粗心大意，有次考试竟把 49 写成 94，结果整道题都做错了。老师经常说她在课堂上注意力不集中，总开小差……

教子有方

在实际学习中许多孩子都注意力不集中，为此有些家长甚至怀疑孩子患了多动症，要带他去看医生，这使孩子感到非常恐惧。其实，家长没必要忧虑。

孩子注意力的发展程度是随着年龄的增长而不断提高的，比如两岁的孩子对一件玩具的兴趣只能持续几分钟，6 岁的孩子全神贯注做一件事情的时间就可持续 20 分钟左右，十多岁的孩子则可持续 30 多分钟，孩子到了十四五岁，则可持续 40 多分钟。所以，你要让一个 10 岁的孩子安安静静地伏案学习一个小时，把孩子看成大人，孩子很难做到，因为孩子组织和控制自己注意力的能力还没有达到这个程度。

实践证明，从小培养孩子集中注意力的习惯对孩子日后的发展和成才是非常重要的。孩子只有注意力集中，才能全身心地投入到学习中去，学习效率才会提高。

1. 培养孩子稳定而广泛的兴趣

兴趣是最好的老师，孩子一旦对某一事物产生了兴趣，就会全神贯注地投入到事物中，这对培养孩子的注意力大有帮助，家长应鼓励孩子把兴趣向纵深发展，切忌一时的兴趣，三天打鱼，两天晒网。在游戏、学习及做家务的过程中，应尽量保证孩子进行有目的、有意识、有始有终的活动，这对培养孩子的注意力是十分重要的。还有一种非常有效的办法是经常和孩子一起下棋，以培养孩子独立思考、独立解决问题的能力和竞争的意识，另外，练习硬笔书法和毛笔字也是一种很有效的办法。

2. 不要对孩子过多地唠叨

有些父母对孩子不放心，一件事总要唠叨好几次，这样孩子常常不注意听你的话，他会想，反正他们还会告诉我的，不用那么用心去听。久而久之，就养成了注意力不集中的坏毛病。因此，父母向孩子交代事情时最好只讲一遍，这也是培养孩子集中注意力的一种方法。

3. 保持孩子良好的身体状态

饥饿、过饱、疲乏也容易导致孩子注意力不集中，家长应尽量避免让孩子出现这些情况。孩子睡眠不足，成天犯困，注意力当然不可能集中了。因此，家长应科学安排孩子的生活起居时间，做到生活学习有规律、有计划。要提醒孩子坚持体育锻炼，培养其意志力，增强其注意力。

4. 为孩子营造安静的学习环境

家长在孩子学习时，应尽量避免环境因素的干扰，给孩子创造一个安静的环境。如孩子学习时，家长尽量把电视、音乐的声音调到最低，或者干脆关掉；与客人谈话的声音也不要太大，或者尽量不要在孩子学习的时候接待客人。

父母心经

注意力不集中是学习的大敌，如果孩子的注意力不集中，学习成绩肯定不会好。要矫正孩子注意力不集中的毛病，可从孩子的生理、心理及家庭环境入手，需要注意的是，注意力其实是一种可以训练、学习和培养的行为习惯。家长不要认为孩子长大了就自然会注意力集中了，因此平时忽略对孩子这方面能力的培养。

课堂学习要重视

课堂是学生学习知识的一个最重要的环节。能够学到多少，领悟多少，关键取决于自己的听课状态。因此，课堂上不能忽略每一个细节，最重要的是要勤于思考问题，不要老师说什么就吸收什么，这样才能吸收并消化新学的知识。

案例分享

“儿子，老师说你上课总是走神，怎么回事呀?”你今天又被儿子的老师叫去了，一回来就问儿子。

“没有呀，40 分钟我一直坐在那儿听呀！怎么说我走神呢?”儿子反驳道。

“那老师问你大禹治水为什么三过家门而不入，你怎么回答说他忘了带钥匙，三次都打不开家门呢?”

儿子摸摸脑袋，无言以对，因为这件事已在课堂上闹出了笑话。“难道这还不叫走神吗?”你生气地责问孩子。

“今天，我忘记了带钥匙，上课时正想着没带钥匙怎么回家呢，没想到老师提问我了。”儿子低声说。

“说说，你在课堂上还想到什么了?”

这下儿子来劲儿了，兴奋地说：“我想到自己坐着宇宙飞船上天了，看到了嫦娥姐姐、玉兔、猪八戒……还跟他们一起玩了呢!”

“天哪，他又想起了‘春光灿烂猪八戒’，这可怎么办呢?”

教子有方

听课走神的孩子，大多自控能力比较差，随意性很大。老师讲课的时候，自己却在想别的事情，或者做小动作。忘了听课，这样一堂课下来，自然收效甚微。因此，听课走神对孩子的学习非常不利。

孩子学习的主要途径是课堂，只有每堂课都能集中注意力，才能获得较多的知识，因此，家长一定要帮助孩子抓住课堂的 40 分钟，教孩子学会上课。

有的父母认为，孩子去上学了就自然会听课了，上课就是坐在那里听老师讲，这个就连幼儿园的孩子都知道，还用得着教吗？这个想法是完全错误的，会上课的孩子能抓住课堂上的40分钟，让每一分钟都有收益。

1. 让孩子明确上课的意义

要想让孩子提高学习成绩，帮助孩子走出学习困境，首先要让孩子明确上课的意义，知道上课是改变自己、提高自己的重要途径。要想改变自己，一定要正视自己，正视自己目前的上课状态，从而加以改正。

2. 引导孩子做好课前预习

无论做什么事情，事先都应有所准备。有无准备，准备得充分与否，效果大不相同。同样，孩子上课也需要做好准备。预习是对知识的准备，是上好课的重要一环，因此，家长应指导孩子做好课前预习。在老师讲解新课之前，应让孩子有计划地、独立地自学新课的内容，让孩子做到对下一节课老师要讲的内容有初步了解。

3. 鼓励孩子在课上积极思考

孩子学习的目的不是把自己的大脑当成“口袋”去装知识。而是要理解知识、运用知识。首要的就是在“懂”字上下功夫，这就要求孩子学会动脑，积极思考，只有这样，才能真正搞懂老师所讲的内容。

4. 引导孩子做好课堂笔记

随着年级的升高，做好笔记就成为孩子上课的基本要求。笔记是课堂学习的一份重要资料。学会做课堂笔记是孩子上好课的基本能力之一。孩子的课堂笔记不仅仅是记老师的板书，还应记思路、记重点、记收获、记问题。

做课堂笔记有两种方法，一种是直接在课本上记下一些要点、注解，如当老师讲到某个问题对自己有启发时，或者哪个问题不懂、有什么好的想法时，可以在课本上或书上简要地记上几笔或做好标记，等下课再去解决，以防漏掉关键的地方；另一种是记下简要的提纲式的听课笔记。

5. 引导孩子注重课后复习

每学完一节课，都要及时总结，家长应让孩子在课后用两分钟的时间迅速把当堂内容过一遍“电影”，经常这样做，胜过半个月后的复习。每节课是 40 分钟，课间休息 10 分钟，这样的时间安排给孩子及时“过电影”，回忆当堂所学的内容提供了时间。有的老师每节课都提前几分钟结束讲课，这正好给孩子“过电影”留出时间。

6. 保证孩子充沛的体力和精力

要想让孩子上课时集中注意力、积极思考，必须保证其充沛的精力和体力。比如科学合理地安排休息时间；合理补充营养，吃好早饭和午饭；适当进行体育锻炼等。

父母心经

孩子主要是通过课堂上的 40 分钟来获取知识，因此，应帮助孩子抓住这 40 分钟，让每一分钟都产生效益。

上课时间在一天的学习时间中所占的比例十分大，利用这 40 分钟显得至关重要。因为在短短的 40 分钟内，每个学生几乎同时接受着来自老师对知识中最基本、最精华部分的传授，孩子学习的好坏，成绩的高低，关键在于课堂上 40 分钟的学习。

学习要劳逸结合，张弛有度

一个人的精力如同一根弹簧，不可能无限制地拉伸。只有劳逸结合，学习才会轻松；不会休息，就不会学习。所以，父母在帮助孩子学习时，一定要保证其休息的时间，不然只会让孩子的效率更低。有的孩子常常熬到深夜，超负荷学习，这种“拼命三郎”式的学习方式是要不得的。因为这样不但对孩子的身体有害，而且学习效率也很低，有时甚至还会起反作用。

案例分享

军军学习非常刻苦、认真，是全班最用功的，大家给他取了个“拼命三郎”的外号。他在课堂上能够认真听讲，课后能认真完成作业。他甚至不放过任何看书的时间，包括吃饭、走路、上厕所时，有时做梦都在背英语单词。每天晚上不到 12 点绝不睡觉，老师每每训斥那些不认真学习的同学时，总会拿他做榜样：“你要是有军军同学 1/10 的学习劲头，你肯定能考上名牌大学。”然而，军军的学习成绩却很平常。所以有些同学私下里嘲讽他说：“谁要是像他那样没日没夜地学，还得不了好成绩，那才是最大的失败。”

孩子之所以出现这种情况，主要是由于学习效率低，随着孩子年级的增高，需要学习的科目越来越多，如果不善于调节，一味地增加压力，不仅学习的效率无法保证，还可能给孩子带来意想不到的损害，甚至损害孩子的健康。孩子正处于长身体阶段，休息很重要，选择合适的休息方法更重要。因此，常常熬到深夜，超负荷学习，“拼命三郎”式的学习方式是要不得的。

教子有方

一个人的精力就像弹簧一样，如果在它的弹性限度内拉开，手一松，就会弹回去，恢复原来的状态。假如无限度地拉，超出了弹簧的弹性限度，再松开手，它就不会复原了。如果孩子睡眠不足，每天“超负荷学习”，就好似超过“弹性限度”的弹簧，时间长了，必定影响他的身体健康。所以，父母要让孩子学会劳逸结合，可以从以下几点做起。

1. 让孩子适当地休息

如果孩子在学习时感觉到很累，就让他小睡片刻，这样精神就会好些，因为这时入睡快，会马上进入梦乡，睡眠质量也很高，可以马上补足精神。精神补足后再学习，学习效率就会提高。

比如，中午的时候，家长如果能让孩子小睡一下，下午和晚上都会更有精神，有了精神，学习效率当然就高了。

2. 把控好休息时间

孩子在学习中的休息时间不要过长，尽量不要超过 10 分钟，因为休息时间过长，就会较难收心。比如整个晚上要学习两小时，可让孩子每隔 40 分钟休息 10 分钟，喝点水或饮料，吃点水果等，完全不休息会使学习效率降低甚至没有效率。

3. 让孩子多参与体育活动

参与体育活动也是一种休息的方式，当孩子学习出现疲劳感时，不妨让他进行一番体育锻炼。运动时，运动中枢兴奋，可快速抑制思维中枢，使其得到休息，有助于提高学习效率。

如果孩子懒得锻炼，父母可和孩子约定，每天学习疲倦后，和父母一起去跑跑步，打打球，或进行一些别的锻炼。共同锻炼的过程，既有助于孩子的身心放松，增强孩子的体质，也能增进双方的交流和感情，更能帮助父母了解孩子的真实想法。最好不要把时间规定得太死，孩子什么时候需要休息，父母就什么时候陪他锻炼。

4. 注意孩子的精神状态

孩子学习时，家长应注意孩子的精神状态，如果发现孩子出现走神、精力不集中、疲劳等状态，最好让他放下课本，休息一会儿。这样，既能让孩子觉得家长在关心他，又有助于增强孩子的上进心，休息后以更充沛的精力投入到学习中，效率一定会更高。

父母心经

如果孩子睡眠不足，天天熬到深夜，“超负荷学习”，就会超过“弹性限度”，天长日久，不但学习成绩搞不上去，身体也累垮了。同时，由于大脑连续工作时间太长，会疲劳不堪，因而学习效率也会大大降低。因此，家长应让孩子在学习时注意劳逸结合，这样学习才会轻松有效。

做好笔记，不动笔墨不读书

俗话说：“好记性不如烂笔头。”记笔记是眼、耳、口、心、手多种器官都参加的活动，因此，学得深、记得住、不易忘。

案例分享

洋洋有个毛病，无论是平时背东西还是上课听讲，都不愿意动笔，只想把学习停留在“看”的过程，从不动手去解答。

当妈妈检查他的课堂笔记时，发现他记得很少，批评他时他还美其名曰：“这是为了专心听讲。”

洋洋还时常幻想说：“如果写作业也不用动笔那该有多好呀！”因此，他该背的东西背不会，即使背会了也很快忘记，要做的题看似都会，实际操作起来却不会了，学习成绩也一落千丈。

教子有方

1. 鼓励孩子记笔记

人常说：“好记性不如烂笔头。”记东西时，如果只用眼看、用口念是很难记住的，应该动手去“写”，在“写”的过程中使知识在脑海中留下清晰而深刻的印象。

家长最好能在孩子的书桌上准备一个本子和一支笔，让孩子一边看书，一边在本子上写写画画，多动手才能记得牢。

为了培养孩子动手记笔记的习惯，家长可以和孩子一起读书，鼓励孩子一边读一边记读书笔记，随便写什么都可以，哪怕是写个简单的书名也好。

2. 提醒孩子把重要的东西记下来

孩子年龄小，贪玩，对周围的事物视若无睹，常常忘性很大。作为家长，应随时提醒孩子把重要的东西用记笔记的方式保存下来，这样就不易忘记了，也免得贪玩时总是惦记着被遗忘的学习内容。

3. 指导孩子做好课堂笔记

一边听课一边记笔记，可以避免思维脱节。但为了避免孩子只顾着记笔记而影响听课效果，家长应指导孩子掌握正确的记笔记方法。

（1）记笔记时，要选择其中最为关键的地方。这样既可以节约时间，认真听课，也可以抓住老师讲课的重点。这往往是最难把握的，家长应在孩子平时的学习中加以指导，让孩子能够准确地找出要点，将它们简洁地记下来。

（2）让孩子用最快的速度记课堂笔记，如果记不全老师讲的重点，可以先写几个重点的词句，下课后，再问老师或其他同学，并及时补上，这样做可以避免因记笔记而影响听课。

父母心经

“好记性不如烂笔头”，这句话告诉父母，在引导孩子学习时，告诉孩子不要太相信自己的记忆力，因为再好的记忆能力也有忘记的时候，所以最保险的方法还是记在本子上。

比如，父母可以引导孩子随手带一个本子，及时记一些笔记，只要是能触发思考的，无论观察到什么，还是读到什么，或者是想到什么，哪怕是一句话，一个字，都要随手记下来。这样一来，孩子日积月累，就会逐渐养成勤于动笔的好习惯。

第五章

鼓励赞美，让孩子学习更有动力

鼓励和赞美的力量是无穷的，它就像阳光洒进人的心底，让气馁的人重拾信心，充满前行的力量。任何人都希望得到别人的鼓励与赞美，孩子更是如此，他们更希望得到父母的认可和赞赏。所以，父母千万不要吝啬自己的鼓励和赞美，这能让孩子的学习更有动力，也让孩子更有信心去面对困难和挑战。

充分的信任，给孩子成功的信心

信任能让内在的潜能被激发出来，从而发展成信心和能力，信任能让孩子更愿意呈现出美好之处，从而发展出美好的品质。信任能带来放松和坚定的感觉，从而激发出从容自在的活力。父母从小给予孩子充分的信任，孩子就会发展出这些能力和品质，体验内心的自在和快乐。情商专家认为，信任孩子能够激发出孩子的内在力量，孩子会在这种信任中感到更安全，更有信心。

案例分享

早晨上学出门的时候，明明高高兴兴地对妈妈说："妈妈，今天要考试了，我一定考个 100 分回来！"

妈妈一脸不相信地说："你能行吗？你可从来没有考过 100 分哟！"明明惊讶地问："妈妈，难道我只能考 80 分吗？"而这时，妈妈则敷衍道："好！你能考 100 分行了吧！赶紧上学去，不然要迟到了。"明明不满意地走了。

结果考试成绩出来，明明真考了 80 分，而这时妈妈则又对明明说："怎么样，让我说中了吧！"明明听了，默默无语，从此以后成绩也越来越差。

教子有方

大人都有这样的感觉，当感到自己被充分信任时，浑身上下会充满力量，有很强的动力去主动寻求解决问题的办法，而且相当自信。孩子更是如此，孩子是通过成人的反应来认识自己，了解自己的。如果得到的反馈是自己值得信任、有能力的，那么孩子会唤醒内在的潜能去发展这样的能力，自然而然就形成了自信和解决问题的能力。

信任是自信的源泉，一个人之所以自信是因为他获得了他人的信任；而一旦失去了他人的信任，其自信心也必将受挫。你的孩子之所以成绩那么差，就是因为你没有给他充分的信任，因而，孩子缺乏自信心。试想，如果孩子对你说自己要考100分的时候，你对他说："你一定能行，妈妈相信你!"那么孩子一定会满怀信心地参加考试，考出一个好成绩。

有句家教格言说，有什么比孩子的自信更能使他走向成功呢?

1. 对孩子的信任从生活点滴做起

亲子之间建立信任往往可以从生活中的小事情开始。现在我们看到很多孩子不喜欢动脑筋想问题，在学习中一遇到难题就去问家长，很多作业都是家长在一旁帮着做的。其实大部分的孩子一开始的学习兴趣很浓厚，你一定可以想象到孩子刚刚入学时背着新书包走入校园的情景吧！可后来孩子为什么不爱动脑筋了呢？这往往是因为家长“不信任”孩子，不给孩子动脑筋的机会。比如，孩子做作业的时候，家长总担心他不认真做，于是坐在一旁监督，并一个劲地对他说：“好好做，有不会的问妈妈（爸爸）!”久而久之，孩子对自己没有信心，总是依赖别人，一遇到稍微难的题就把“救兵”搬出来。

2. 放手，让孩子大胆去尝试

日常生活中，家长不妨放开手，让孩子自己去学习，多给孩子尝试的机会，这样孩子才能知道怎么学习。比如，孩子要刷自己的鞋子时，父母如果说：“你还小，不会刷鞋子，让我来吧。”那孩子就会认为自己真的很小，学不会刷鞋子，因此就不去刷了。可如果父母说：“你已经长大了，一定可以刷干净!”孩子一定会高高兴兴地去刷，慢慢就学会刷鞋子了。学习也是一样的道理，只要父母给孩子尝试的机会，孩子一定会通过自己的努力学会的。信任孩子并让他自己去尝试，不但能让孩子知道父母是信任他的，同时也赋予了孩子“责任感”，这样的亲子间的互相信任才是长久的相处之道，孩子也会由于父母的信任而对自己更有信心。

3. 学会欣赏孩子的独特

世界上没有两片完全相同的树叶，甚至连雪花也没有完全相同的。因此，每个生命更是独一无二，无可比拟的。

作为父母一定要坚信每个孩子都能成为最好的自己。要学会欣赏孩子，看到孩子身上的优点和美好的前景。

信任可以产生意想不到的力量，父母的充分信任会使孩子自觉地进行自我约束、自我监督。因此，在学习方面，父母一定要相信孩子的能力，给予孩子充分的信任，让孩子从心里感觉到："我能行!"促使孩子增强自信心，孩子在这种自信心的驱动下，会自觉主动地探索新的知识，从而取得学习上的成功。

4. 相信孩子的品德

如果孩子出现不说实话、打人等应对方式，父母首先要明确这与孩子的品性无关，只是他在压力下的应对策略而已，要先了解原因，看看孩子的压力来自哪里，并进行适当调整。很多时候，压力源改变，孩子这些应对方式会自然而然地消失。家长在跟孩子的沟通中，注意"对事不对人"的原则，一定不能贬损孩子的人格。在这方面，学习带着爱给孩子设置界限会有很大帮助。

很多家长对于孩子的未来会有这样的担心，特别是身处竞争激烈的社会环境中。他们根据自己的经验，认为孩子需要上好学校、拥有高学历、擅长与人打交道、多才多艺、全面发展，将来才能生活得更好。这个出发点是好的，但是立足于当下才是根本的解决之道。在当下关注孩子的内在，帮助孩子成为他们想要成为的样子，充分体验当下的快乐，那么无论将来孩子是否成功、优秀，生活在何种境遇下，他们都可以坦然做自己，生活在幸福中。

父母心经

每个人都希望自己是被信任的，孩子尤其希望被自己的父母所信任。在孩子的学习过程中，孩子的自信源于父母的信任。

信任，在孩子表现好时容易做到，而在孩子的表现不尽如人意时，父母往往感到失望，失去信任的原动力。其实，这时孩子更需要父母的支持，如果这时父母能鼓励孩子，充分地相信孩子，孩子会更有动力，重新燃起成功的希望，也会更加努力地去争取更好的成绩。

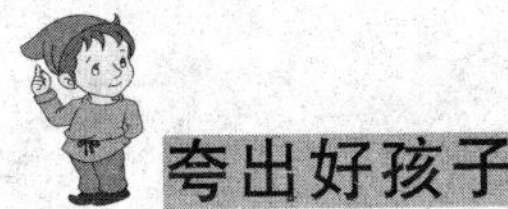

夸出好孩子

对孩子的教育是有技巧的，最简便而又行之有效的办法，就是千万不要对孩子吝惜溢美之词，毕竟好孩子就是夸奖出来的。家长要根据孩子成长的特性，正确引导他们的天性，千万不要以家长那种成人的思维和眼光来要求孩子，更不要用居高临下的语气来教训孩子。

每个人天生都会有被肯定、被夸奖的需要，孩子更是这样。当孩子乐颠颠地把刚画好的一幅画捧到你面前时，当孩子兴冲冲地把在学校里得到的红花放在你手心时，当孩子扶起了不慎摔倒在地的小伙伴时，当孩子讲完一个故事，叠好一件衣服时，他的眼睛往往会望向你，眼里充满着期待，他在期待你的夸奖。

案例分享

故事一

孩子趴在桌上苦苦地思考一道数学题，眼看着就到最后一步了，可怎么也想不出来。妈妈在一边看着心急，不由得发起火来："你怎么这么笨呀！就最后一步了还想不起来？"孩子满脸的不高兴，说："我不是已经想出前面那么多步了吗？你为什么不表扬我呢？"妈妈轻蔑地说："哼，连道题都做不出来，还想让人表扬呢，真是不害羞！"孩子含着眼泪冲进自己的房间，"砰"的一声把门关上了。

故事二

豆豆从小时候起，妈妈就很注意夸奖他，在夸奖的过程中，妈妈发现了一个很有趣的现象：如果今天夸他乖，吃饭表现好，他明天吃饭时会表现得更好；如果今天夸他嘴乖，会叫人，明天他会更注重礼貌；如果今天夸他小手帕洗得干净，明天他的小手帕会洗得更干净；如果今天夸他的儿歌唱得好，明天他唱儿歌时会更加起劲……

豆豆刚上小学，妈妈开始教他自己看书。刚开始他根据拼音，一个字一个字地边拼边读，很是费力，一度想放弃，妈妈没有生气，不停地鼓励他、夸奖他。豆豆好不容易把一本故事书“啃了”下来，妈妈不失时机地夸他：“真不简单，刚上小学一年级就学会自己看书了。”他在妈妈的及时鼓励下，看书的劲头更足了，阅读的兴趣与习惯不知不觉就养成了。到了三年级，他已经能捧着名著读得津津有味了。

因为喜欢看书，豆豆的作文水平也很不错，作文经常被老师当成范文在班上朗读，豆豆写作的自信心更足了，竟然对妈妈说他想向报社投稿。虽然妈妈觉得豆豆的作文水平离发表还有一定的距离，但妈妈没有取笑、打击他，而是鼓励、表扬他，然后告诉他，要投稿可以，但必须要认真修改才行。豆豆满怀信心地和妈妈一起对那篇文章进行了修改，最后那篇文章真的发表了。

教子有方

每一个人都喜欢听到夸奖，所做的事情是需要得到别人肯定的，而对批评声有一种天然的抵触情绪，批评的声音多了，自然而然就会产生想把自己封闭起来的想法。孩子更是如此，他们也喜欢听夸奖的话，如果家长能够经常性地夸夸他们，自然会激发孩子的表现欲望，增强他们学习的积极性。

夸奖对孩子的成长起着非常重要的作用，经常夸奖孩子，好处实在多。学会夸奖孩子也并不难，关键是父母有没有这种意识，能不能认识到它的重要性。夸奖是一种激励。激励比批评和强迫的效果要好得多。但夸奖孩子并不是一件易事，夸奖孩子也要讲究方法和技巧。

1. 真心、用心地去夸奖

只有真心、用心地夸奖，孩子才能给予积极的反应。如果父母心不在焉，敷衍了事，孩子往往感到父母是在骗他。当孩子做了好事或有了进步时，父母最好当时就给予夸奖和鼓励，这样孩子的荣誉感和成就感就会及时得到满足，把后面的事情做得更好。

2. 夸奖要实事求是

所夸的事实要准确，不夸大、不缩小。如果夸得不准，孩子就会产生疑问，起不到激励的作用。如果夸错了，孩子就会把错的当成对的，会产生严重的副作用。如果孩子把错的当对的，以后你想改过来都很难，因为他心目中的是非标准因你的错夸而混淆了。要正确地夸奖孩子，就必须要多陪伴孩子，多关注孩子，只有熟悉了解了自己的孩子，才能给孩子及时、必要、准确的夸奖。

3. 夸奖要有“创新”

孩子经过努力取得了好的成绩，或者他做完了应该做的事，应该得到夸奖。但父母要注意，最好不要为同一件事多次夸奖孩子，如果只是一味地进行简单的夸奖，时间久了，孩子就不会太在意了。

所以，父母应该不断选择新的角度，发掘新的内容，特别是对于孩子潜在的优点，比如孩子学习好，仅仅夸奖他学习刻苦、成绩优异，就显得没有新意，不如夸奖他学习方法独特，效率很高，以促进他更加注重效率和方法，这样会使他的成绩更上一层楼。这就要求父母有敏锐的观察力，能及时发现孩子身上潜在的优点，并给予赞美和肯定。

4. 夸奖要具体明确

对于孩子来说，夸奖不能太笼统、模糊，不能简单地用“你真是一个好孩子”“你真棒”这样的一般赞语，而应对孩子的优点和进步的具体细节予以肯定，使孩子明白他“好”在哪里。

5. 夸奖要注意方式方法

夸奖的方式也多种多样，小到一次拥抱、一颗糖果，大到一件玩具、一次旅游。父母可视孩子年龄的大小和具体行为来选择，孩子一般不会太在乎奖励的多少而更在乎你有没有奖励。夸奖孩子时，还要注意让孩子明白他是因为什么事而得到夸奖，太随意的夸奖起不到良好的效果。

6. 夸奖也要讲究原则

在夸奖孩子时，一定要坚持原则，只有孩子做了值得夸奖的事情时，才去夸奖孩子。如果无原则地一味对孩子加以夸奖，特别是孩子做了错事时，也去夸奖，就会使孩子养成是非不分、骄横跋扈的坏习惯。

父母心经

孩子每一个优点和好习惯的形成都需要一个漫长的过程，所以夸奖孩子也不能浅尝辄止，偶尔为之。家长要时常关注孩子的行为举止，经常夸奖孩子的进步。日积月累，孩子的进步自然就会越来越快，效果越来越得到巩固。夸奖会让孩子养成良好的习惯，有利于培养孩子各方面的能力，作为父母，要时刻关注孩子，及时夸奖和鼓励孩子，让孩子不断进步，成为更好的自己。

不妨给孩子找个“对手”

世上没有不爱自己孩子的父母。有些父母为了教子成材，不惜血本送孩子上“贵族学校”，甚至牺牲了所有的节假日陪读陪练，其间少不了强制教育、棍棒拳脚，但结果往往不尽如人意，有许多孩子因此产生了抵触情绪和逆反心理，使父母十分苦恼。问题出在哪里呢？细究之下，才知道是父母没有给孩子找一个对手。人们常说，没有竞争，就没有动力，在孩子的学习道路上，不能没有竞争。因此，应该尽早为孩子寻找竞争对手，让孩子的学习更自觉。

案例分享

小凯是一所非重点学校的学生，在班上学习成绩还算不错，于是有点沾沾自喜。为了消除孩子的自满情绪，小凯的爸爸专门从重点学校里找了一个与小凯同年级的学生，让他和小凯一起做几道练习题。

那个学生做得又熟练又准确，而小凯虽然也做对了，但做得比较慢而且也不太熟练。后来两人又一起做一道课外补充题，那个学生不一会儿就想出来了，小凯却做不出，因为在他们学校，老师从来不教这类题目。这样一比较，小凯才心服口服，他嘴上虽然没说什么，可从此再也没有那种骄傲自满的神态了。

教子有方

为了让孩子提高适应社会的能力，必须让孩子从小既学会合作，又学会竞争。但是怎样让孩子学会竞争呢？有效的办法就是经常在他的身边树立一个友好的竞争对手。

1. 竞争对手要具体明确

为孩子寻找竞争对手，主要是为了鼓励孩子更好地学习，而不是让对手压倒孩子。因此，家长应在充分肯定孩子成绩的前提下，不断找到具体的（有名有姓）竞争对手，来激励孩子。给孩子找的竞争对手，越具体越好。比如可以这样激励孩子：“这一次你超过班上的尖子生某某同学，这很好，我相信你下一次可以超过年级的尖子生某某同学。”

2. 竞争对手要适时更换

给孩子选定的竞争对手并不是一成不变的，要根据孩子的成绩变化做出改变。

比如，在某一阶段，孩子学习成绩比较差，家长应为孩子寻找一个比他稍好一点的孩子作为竞争对手，让孩子感觉到，只要努力，赶上对手是没有问题的，于是孩子会暗暗开始一场较量。由于孩子自觉努力，当然会战胜这个竞争对手。在孩子进步之后，家长应再启发他寻找新的竞争对手，开始新一轮的比拼。

给孩子找个竞争对手，让孩子从小就学会在竞争中成长，这对孩子的早期教育非常有益，同时也对孩子的成长大有好处，更重要的是，这种竞争意识可能会影响孩子的一生。

3. 引导孩子正确看待竞争中的成败

有竞争就会有胜利和失败。家长应该让孩子认识到在取得好成绩时，要想到“山外有山”的道理；成绩落后时，也不要灰心丧气，引导孩子找出成绩落后的原因，并帮助孩子迎头赶上。

4. 引导孩子学会欣赏竞争对手

在培养孩子的竞争意识的同时，家长也要引导孩子学会欣赏他人，欣赏自己的竞争对手。

家长应经常教育孩子多看别人的优点，欣赏他人。如具体指出某位同学在功课上虽说不如你，可人家唱歌唱得好，声音甜美。时间长了，

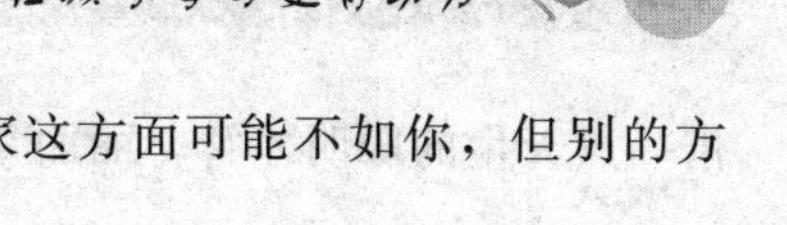

孩子就慢慢学会全面地评价一个人：人家这方面可能不如你，但别的方面也有胜于你的地方。这样，孩子长大后，才会成为“包容他人”的人。

父母心经

给孩子找个竞争对手，让孩子认识到自己的不足，以激励孩子好好学习，有利于培养孩子的竞争意识。为孩子找一个竞争对手，比如同桌、邻居家的小孩或成绩排在孩子前面的同学，可以鼓励孩子超过他们。因为竞争有利于激发孩子的自我意识和成功欲望，孩子渴望成功、渴望胜利的激情被点燃，学习会更有动力。

不要给孩子太大压力

孩子是父母的希望，是家庭的未来，做父母的往往都对孩子抱有很大的期望，希望他们成功成才。这本身无可厚非，期望本身就是一种有信心的等待，父母对孩子寄予厚望，是一种信任，有利于增强孩子的自信心、进取心，是孩子进步的源动力。然而，有时候，父母却把过高的期望强加到孩子身上，反而给了孩子很大的压力。

案例分享

丽丽是个13岁的小女孩儿，小时候妈妈把她送进了重点小学，凭借一点天生的聪明才智，丽丽每次考试的成绩都能高居榜首。后来丽丽考上了师大附中的尖子班，由于这里高手云集，丽丽的心理压力越来越大，考试成绩也不像小学时那么如意了，丽丽开始尝到了失败的痛苦。这时候，她很希望得到父母的鼓励安慰。

一次考试后，丽丽神情沮丧地回到了家。一到家，妈妈满脸洋溢着希望，焦急地追问起来："考得怎么样呀？"看到妈妈的神情，丽丽深深知道妈妈希望得到的是自己充满自豪的回答，但她今天却给不了了。这个时候丽丽深深地自责起来，她告诉妈妈考得不好。妈妈原本阳光灿烂的脸一下子堆满了乌云，只低低地应了一声："考得不好，下次再努力吧。"接着便回厨房去了。

看到妈妈的反应，丽丽忽然感到万分委屈和难过。妈妈嘴上虽然没有责怪自己，但丽丽知道她心里对自己是极不满意的。她便发誓，下次一定要考好，这样才能对得起妈妈。

很快又一次考试来到了，这对丽丽来说，就好像世界末日降临一般。妈妈不断地对丽丽说："你要考不好，同学就会看不起你，老师也会看不起你，你周围的一切人都会看不起你。"就这样，丽丽的压力更大了，对考试产生了恐惧感。眼中看到的只有分数，她的一切都是为了分数，丽丽觉得自己仿佛只是为了分数而活着。

然而，丽丽考试的成绩却一再地不理想，她逐渐失去了对自己的信心，她开始怀疑，妈妈爱的是自己还是自己的分数？她真的希望妈妈能设身处地地为自己想想，别老盯着分数没完没了。

教子有方

每个做父母的，都对孩子的前程充满了美好的期待，都希望他们能够出人头地，希望他们出类拔萃，希望他们长大以后成为一个有成就的人。这个时代充满了巨大的压力，不管是成年人还是孩子。为了让孩子能更顺应社会的潮流，父母无不忧心忡忡，他们迫切地想为子女提供一切优良的条件，认为这样就可以促进孩子进步成长。

父母们处心积虑、千方百计地为孩子创造这样那样的条件，不顾孩子是否能承受、是否有兴趣，以自己认定的模式塑造孩子，严格地要求孩子，只许成功，不许失败，这种苛刻的要求，给孩子带来极大的压力。不仅孩子如此，大人也是备受煎熬，细细想来真的是得不偿失。

期望越高，压力越大，压力过大只能有两种可能：或是崩溃，或是逃避。所以千万不要给孩子太大的压力。在当今充满竞争的社会里，父母往往会期望过高，希望自己的孩子比其他孩子发展得更快更好。他们期望孩子有天赋、聪明，什么都比别人好，最好还是神童。如果父母没有进名牌大学，就希望孩子是清华大学的学生；如果父母体育不好，就希望孩子成为奥运健将；父母连琴键都没摸过，却希望孩子是另一个萧邦。也就是说，父母是不成功者，就寄希望于孩子获得成功，送孩子去学弹琴、学书法、学绘画、学戏剧并施加压力，使之不落后于其他孩子。这是错误的，父母这样做后，可能会使孩子有暂时的超越他人的能力，但往往是不能长久的。

父母心经

父母一定不要给孩子太大的压力，要用平常心看待孩子的成长，家长不妨告诉孩子，让孩子成为最优秀的自己，而不是去和别的孩子攀比。另外，我们也要认识到，其实大多数孩子都是普通、平凡的，有缺点也有优点，有不如别人的地方也有比别人强的地方，以一颗平常心看待孩子、爱孩子，孩子才能健康快乐地成长，成为更好的自己。

第六章

提高孩子的交际能力，让孩子爱上学校生活

孩子和大人一样，也需要走进集体与人交往，友谊能给孩子的成长带来众多积极的作用。良好的人际关系能使孩子更适应校园生活，也更喜欢校园生活，而不好的人际关系则会使孩子想要逃离校园。所以，父母要从各方面提高孩子的交际能力，使孩子拥有良好的人际关系，快乐地走进校园。

孩子需要与外界沟通互动

人只要一出生，都有渴望跟外界互动沟通的意愿，所以社会性发展不能谈什么时候开始，它是与生俱来的，关键是我们如何去促进它。每个孩子都有自己独特的性格，然而无论是什么样的性格，都需要走进集体，与外界沟通互动。

案例分享

故事一

有一天，一向思路清晰、学习能力均衡正向发展的花花突然大哭起来，并无助地叫在学校工作的妈妈："妈妈！小娟不跟我好！"（学校规定老师的孩子在学校必须称呼自己的妈妈为老师，一则为让孩子公私分明，二则不让其他孩子因此触景伤情）因为花花的妈妈正忙着背课，所以我就抱着她问："小娟不是你最好的朋友吗？"花花哭着说："是啊！可是今天小岑请她吃软糖，然后她就听小岑的话，对我说不跟我好了！"

故事二

3 岁半的豆豆，刚上幼儿园时连续感冒，妈妈为了她的健康着想，让她在家休息，过了一个月才入园，结果一向喜欢上幼儿园的豆豆突然变得不开心了。

有一天，豆豆心情不错，妈妈就问她："豆豆，为什么最近不喜欢去幼儿园呢?"

豆豆说："妈妈，你记得我有两个好朋友吗?"妈妈很快回答："是啊！我记得是小芳和小萍啊!"

豆豆说："她们现在都到楼上的教室了!"妈妈总算找到答案了，原来豆豆是因为和朋友不在同一个班级的原因，才会拒绝上幼儿园。

了解情形后，妈妈和豆豆沟通并建议她："你想找这两位好朋友时，告诉老师后就可以上楼。"同时也引导两位好朋友邀请豆豆上楼去，并在户外活动时间，提醒她可以找两位好朋友一起玩，从此以后，豆豆再也不排斥上幼儿园了。

教子有方

从发展心理学的角度来说，4 岁左右的孩子，已开始觉得需要交朋友，所以有的小孩会因为不知如何和别人相处，觉得自己没有朋友而不想上幼儿园。有的会因为是家中唯一的宠儿，凡事不会和别人分享，说话的语气、用词较霸道，所以无法成为小团体中的一员，因此产生拒绝上幼儿园的现象。有的更因为想和自己喜欢的小朋友一起玩，结果被拒绝，觉得伤心、无趣，不想上幼儿园。

这个阶段的孩子，也常会要求父母让他带东西到幼儿园请小朋友吃；有时也会早早向父母恳求在幼儿园过生日，为的是请小朋友吃蛋糕或其他自己喜欢吃的东西，寻找受小朋友重视的感觉。

我们常常笑谈孩子第一个想交的朋友是“酒肉朋友”，因为只要孩子拿一大包食物，分给一位同学，大家都会奔走相告，他立刻会听到“××我和你做朋友！”“××我是你的好朋友对不对？”一下子他就成为最有人缘的人。

当孩子出现这样的行为时，我们不能极力反对，但应当在适当的时机告诉他们如何交朋友，特别是当孩子之间有冲突时，更是引导他学习交朋友的好时机。

另外，这个时期的孩子，常会为了获得同伴的青睐，而渐渐修正自己的粗暴行为。所以应该引导孩子，从与人发生冲突的事例中，学习恰当地表达自己、尊重别人，成为一个合群的人。

父母心经

人不是孤立的个体，任何人都无法离开集体而单独存在，所以，家长要从小培养孩子的集体意识，让孩子与外界多沟通交流，而不是只待在自己家里，和家里人玩耍。如果孩子缺乏与外界的沟通，不仅会养成孤僻的性格，而且也不利于孩子将来身心的发展，所以，父母要正视孩子的需求，让孩子多与外界接触，了解外面的世界，在与外界的沟通接触中，培养孩子的交际能力和处理问题的能力。

让孩子快乐地走进集体

案例分享

菲菲的妈妈是一个性格内向的人，平时不善于与别人交流，菲菲的爸爸也不是特别外向的人。妈妈很担心菲菲也这样，所以在这一点上妈妈很注意培养她与别的小朋友交往的能力。

妈妈平时就让她与楼下的小朋友们一块玩，刚开始，小朋友们是各玩各的，后来慢慢长大，他们也渐渐地相互熟悉了，见面时就在一块玩得很好，有时天黑了，该回家了，都不想分开。在一块玩时，大人也可以交流经验，把自己带的好吃的分给别的小朋友，让他们从大人身上体会与人交往的快乐。与菲菲一块长大的小朋友有很多，菲菲和他们相处得也很愉快。

因为父母上班没人带孩子，妈妈就给菲菲雇了一个保姆，保姆外向随和的性格也时时影响到她。保姆经常带她串门，在小区里见到老人就教她喊“爷爷、奶奶”，所以菲菲很喜欢与人聚在一起，对于到家里坐客的小朋友十分热情。

放暑假妈妈回老家时，菲菲早晨一睁眼就叫“哥哥”，意思是要和邻居家的大她两岁的哥哥玩，妈妈就带她去邻居家玩一会儿，菲菲很开心，而且那个小男孩也爱和她玩，有一次，菲菲刚起床，他就在大门外叫菲菲。

教子有方

1. 家长要为孩子交友创造有利条件

开始时，家长要主动地邀请小朋友到自己家里来坐客，并带着孩子热情地招待小伙伴，鼓励孩子把糖果、玩具拿出来和小伙伴分享。家长应逐步要求孩子自己找小伙伴玩耍，还要教育孩子在与小伙伴接触中主动地招呼小伙伴，接近小伙伴，帮助小伙伴。外出游玩时还要嘱咐孩子与同班小伙伴结伴同行。

2. 家长要做好孩子的榜样

家长要用自己对邻居和周围人的真诚热情影响孩子，还要常常带着自己的孩子到邻居和朋友家去坐客，使孩子体会到和别人交往是件愉快的事。

3. 引导孩子与小伙伴友好相处

如有新的玩具、图书等应让孩子请自己的小伙伴先玩。家长对自己的孩子要严格要求，不纵容包庇。当自己的孩子有拔尖的表现时，应该启发诱导、教育孩子多听听小伙伴的意见；当自己的孩子和小伙伴发生争吵时，不可偏袒自己的孩子，要进行调解；当自己的孩子对小伙伴表现出宽厚、谅解时，应该予以肯定和表扬。总之，要使自己的孩子懂得应该和小伙伴处在平等的地位上。

这样，孩子会在与外界接触的过程中，增长知识、开阔眼界、结交伙伴、学会独立生活，从独生子女自我性的心理逐步转化为自觉性的群体心理，从而获得心理上的全面发展，形成良好的人格。

父母心经

让孩子快乐地走进集体，首先家长应积极创造一种环境，让孩子先找到和自己友好的小伙伴，找到和小伙伴玩的乐趣，激发孩子交友的兴趣。如果孩子和别人玩不到一块，家长还可以从自己的孩子身上找一找原因。另外家长应该做好孩子的榜样，让孩子看看自己和别的大人是怎样交往的。

教孩子学会分享

分享是一种美德，一种责任，孩子可以从充满童趣的分享活动中真切地感受到分享带来的快乐，这对他们正确理解分享以及他们将来健全人格的形成都具有十分重要的作用。然而对于心理发展水平还处于以自我为中心阶段的幼儿来说，分享显然不是一件易事。

案例分享

菲菲是个漂亮的小女孩儿，一天她在吃饼干，外婆过来逗她："给外婆吃一块好吗?"菲菲直摇头，外婆拿起一块假装要吃，菲菲忙抢过来并放回盒子。外婆哈哈大笑说："这么小的人就这么精。"这时候妈妈正好在一边看到了，觉得是该让菲菲知道好东西要与大家分享的时候了。

第二天是星期六，早上起床妈妈拿来一盒饼干，菲菲高兴得爬过来，妈妈没有像往常那样递给她，而是拿出一块饼干塞到爸爸嘴里：

“来爸爸吃一块。”又拿出一块饼干塞进自己的嘴巴：“妈妈再吃一块。”然后又递了一块给菲菲：“菲菲也来吃一块。”当时菲菲很惊讶，紧接着就赌气把饼干扔在地上，然后抬头看着妈妈，妈妈装作没看见：“哦，菲菲不饿，那饼干爸爸妈妈就都吃掉算了。”然后妈妈和爸爸就一人一块地把饼干都吃掉了，菲菲就在一边呆呆地看着他们吃完了饼干，然后爬过来看看空袋子。“是你自己不吃的哟，没办法。”妈妈笑咪咪地看着一脸愤怒的菲菲。

这样的事情一发生就是好几次，慢慢地菲菲也就渐渐习惯了。过了几天外婆来了，给菲菲买来了面包，菲菲拿起一个刚想往自己嘴里送，妈妈在边上说道：“菲菲，忘了什么没有？”她一听马上把面包举起来：“外婆。”“外婆不吃，宝宝吃。”外婆笑着摇摇头，“你妈妈规矩真多，这么点小孩要求这么高干吗？”“话不是这么说，不要现在什么都不管，将来直骂人家没良心。不孝子的事看得还少吗？我看多半要怪家长小时候对他们太宠了，您也不希望菲菲将来自私得一塌糊涂吧，那就咬一口面包。”外婆被妈妈说得点点头：“你们现在就是花头多，我们是跟不上你们。”说着就咬了一口。菲菲又把面包送到妈妈面前，妈妈说：“乖，妈妈不吃了，你自己慢慢吃。”菲菲就抱着面包坐下来啃上了。

现在的孩子，他们一出生就是独生子女，没有兄弟姐妹，物质上虽然也已经极大丰富，可爷爷奶奶、爸爸妈妈却仍旧把什么好东西都留给孩子，竭尽全力去满足孩子。这种“无私”把孩子一步步推向自私、狂妄、不负责任，同时也将孩子推向孤独、蛮横。

教子有方

1. 发自内心的分享

一个人如果能自主自愿地与人分享并以此为乐，那么可以说真正具有了分享行为。如果一个人仅仅把分享当成换取别人报答或取悦别人的手段，那么这种分享便是一种“虚假分享”，我们要培养的是孩子发自内心的自愿分享，而这种分享必须从丰富孩子的情感体验入手。即让孩子从他人角度出发，体验他人的情绪、情感，学会理解，学会分享。

2. 家长做好“分享”的榜样

孩子的学习是从模仿家长开始的，所以家长的言行对孩子有很大的影响。因此，父母平时要以身作则，做好“分享”的榜样。比如，家里做了美食，可以送一些给邻居品尝，或者给孩子买了好吃的东西，可以让孩子多带一些到学校与小伙伴分享等。在父母的耳濡目染下，孩子会慢慢懂得分享的意义，也会收获分享的快乐，自然也就愿意去主动分享了。

3. 不强迫孩子分享

若是孩子经常对分享说“不”，家长可以和孩子进行角色互换。互换角色可以让孩子懂得站在他人的立场考虑问题，这时我们不妨给孩子讲道理，让孩子明白分享是可以带来快乐的。

和大人一样，孩子也会有自己特别喜欢的东西，我们可以鼓励孩子自主分享学习，给孩子一定的自由空间，让孩子逐渐学会分享，但是在这个过程中，父母只可以引导，不可以强迫孩子去分享。

父母心经

其实我们都知道，孩子的习惯都是在不知不觉中慢慢养成的，相信良好的教育本身就是最好的灌溉，而什么教育都不如父母的言传身教来得更有意义，更有效果。教孩子学会分享，我们同样也要给孩子做出榜样。孩子虽然小，但是，在父母潜移默化的影响下，也会慢慢变成一个乐于分享的人。

让孩子大胆讲话

不肯主动讲话的孩子一般性格都比较内向，平时少言寡语，很少轻易向别人吐露真情。然而，这些孩子又强烈地渴望得到他人的理解和关心。所以，家长应该主动了解孩子的内心状态，和孩子进行深入沟通。千万不要用粗鲁、蛮横的态度对待孩子，要让孩子主动说出心里的真实想法和感受。要知道一般造成孩子不肯主动讲话的原因不外乎以下两个：天生性格孤僻，好独处，不喜与人交往；还有就是父母与孩子之间存在着观念上的巨大差异。

案例分享

小军的父母，由于以前的工作单位比较特殊，所以和外界接触得少。单位里没有和小军同龄的孩子，也没有幼儿园。小军从小便由一个农村来的保姆照顾。保姆人很老实，不太爱说话，慢慢地小军就学会了自己待在家里玩，很少出去了。妈妈和爸爸的工作都挺忙，平时也很少和孩子在一起。由于亲戚朋友比较少，家里也很少有外人来坐客。小军变得越来越怕生，不合群。

小军的父母后来意识到这种情况后，一步一步指导孩子和别人交往。他们请同事、邻居家的小朋友来玩，并在旁边加以指导，教给小军一些常用的社会交往策略，如让小军和小朋友一起玩玩具，和小朋友做合作游戏等，还带小军到人多的地方，鼓励、指导小军多和其他陌生的小朋友、友善的叔叔阿姨主动问好、说话、玩耍，不要怕生羞怯。

每天去幼儿园之前，父母都会鼓励小军多交朋友，回家之后，询问小军有没有进展。刚开始的时候，帮小军出点主意，小军每交到一个新朋友，父母都表示由衷的高兴，并给予表扬。

教子有方

怕生不仅表现为怕见陌生人，还表现为怕接触新环境、怕尝试新事物。怕生这种现象，在孩子只有 6 个月大的时候就开始出现了。孩子 6 个月大时，就会分辨父母、家人和陌生人。当他面对陌生人或新的事物时，会不知所措，会哭泣和躲避，这种情形会持续相当长的一段时间。孩子 2 岁以后，他的社会需求开始增加，开始喜欢与别人交往，特别是与同年龄的小朋友一起玩。所以一般来说，两三岁的孩子即使刚见到陌生人时会有些不自在，但过不了多久，他就会与他们玩得很熟了。但是有些孩子却不同，他们即使到了四五岁，甚至更大一些，还是一见到陌生人，一到了新环境，就会局促不安，不敢说话。参加什么活动时，他们也会畏缩不前，胆怯害羞。这种持续时间过长的怕生现象，不仅会影响孩子与他人的交往，也会使孩子失掉许多学习和尝试新事物的机会，而且还会影响孩子成年以后的生活。

孩子怕生可能有这三个方面的原因：天生气质如此，缺乏安全感或缺乏与他人交往的经验。首先，人的气质各不相同，有的外向活泼，有的内向拘谨；其次，孩子必须在他熟悉的环境里获得充分的安全感，他才能把这种安全感转移到陌生的人或事物上面去。如果家里缺乏欢乐和温暖，会对孩子的性格产生多方面的影响，孩子可能会因此变得胆怯怕生。另外，如果孩子从小很少见到陌生人，缺乏在众人面前亮相的体验，也会难以适应陌生的环境和事物。

1. 找到孩子不肯主动讲话的原因

一些心理专家认为，造成孩子不肯主动讲话的原因主要有这样几个方面：天生性格孤僻，好独处，不喜欢与人交往；父母孩子之间存在着观念上的巨大差异，也就是通常所说的“代沟”。父母经常看不惯孩子的言行，动不动就横加干涉，孩子很反感，因而用沉默表示反抗；学习竞争压力大，紧张学习之后，需要独处，自我调整，而不愿说过多的话。因此，父母应该仔细了解孩子的内心状态，和孩子进行深入沟通。千万不要用粗鲁、蛮横的态度对待孩子，让孩子主动说出心里的真实想法和感受。

2. 创造机会让孩子主动与人交往

带孩子散步的时候，停下来跟友善的陌生人聊几句。在公园里，鼓励孩子和小朋友一起玩一会儿。渐渐地，孩子就会感到陌生人并不可怕，而且很和善，能与他友好地相处。孩子稍大一点以后，爸爸妈妈可以帮他请邻居家的小朋友来家里玩，让他们自由自在地交谈和游戏，不要因为吵闹或弄乱了房间而责怪他们。在这种自由欢乐的气氛中，孩子的天性自然地流露出来，渐渐就会变得活泼起来了。

3. 尊重孩子的“怯生”

家里来了客人，父母不要勉强怕生的孩子向客人打招呼，也不要非让孩子为客人表演节目，更不要觉得孩子怕生有损自己的面子，不然孩子会更加不安和焦虑，对于克服怕生的心理没有好处。

4. 多带孩子参加集体活动

有意识地带孩子参加一些集体活动或社交活动，让孩子能适应陌生的环境。指导孩子在公开场合应该注意什么礼节，怎样和他人打招呼，和他人聊天等。当然，孩子毕竟阅历比较浅，很难像大人那样在公开场合舒展自如。孩子大都害怕所有人的目光都集中在自己身上，尤其是对于那些性格内向的孩子来说，那样他们会感到很不自在。因此，家长应该尽量让孩子在公开场合感到很轻松，很自在。

5. 解放孩子的天性

许多惯性玩具和声控玩具，可以改变孩子过分内向的性格。这些玩具一般很好玩儿，孩子会情不自禁地追逐这些玩具，或者被这些玩具弄得捧腹大笑。久而久之，他们的性格就会变得乐观、开朗和自信。

6. 顺其自然与人交往

让孩子明白，不被某些人喜欢和不喜欢某些人是很自然的，谁也不可能跟所有的人都相处得很好。这样孩子就不会因为担心自己不受欢迎而不敢进入陌生的环境，也不会因为一两次交往的失败而对与他人交往心存畏惧。

7. 纠正孩子不肯主动讲话的坏习惯

怎样纠正孩子不肯主动讲话的坏习惯呢？我们给家长的建议是：

孩子的交往面很狭窄，他们的生活阅历不多，因此，当他们面对陌生的环境和陌生的人时，一般不会主动讲话。与此同时，孩子们对所谓的成人礼节，比如见面寒暄，对他人假装热情和关心等，很不感兴趣。他们往往会遵从自己的第一感觉，对自己不感兴趣的人或物置之不理。

父母心经

一般情况下，家长对孩子不肯主动讲话不必过分忧虑，因为孩子是逐渐变化的，父母可以通过多种方式引导孩子，解放孩子的天性，当孩子变得开朗自信以后，自然就愿意主动和人讲话了。另外，父母也要让孩子明白，不被某些人喜欢和不喜欢某些人是很自然的，谁也不可能跟所有的人都相处得很好。这样孩子就不会因为担心自己会不受欢迎而不敢进入陌生的环境，也不会因为一两次交往的失败而对与他人交往心存畏惧。

改掉小毛病，让孩子的学习生活如虎添翼

任何人都不是完美的，孩子更是如此，他们有时候马虎大意、磨蹭拖拉、骄傲自满等，这些小毛病成为孩子学习道路上的“拦路虎”，也让父母头疼不已。面对孩子的小毛病，父母首先要宽容，试想，又有谁是完美的呢？之后，要从生活中的点滴做起，以身作则，和孩子一起改掉小毛病，而不是站在孩子的对立面一味地指责孩子。

改掉粗心大意的毛病，不做“马大哈”

孩子是最纯真的，但是孩子在生活和学习中如果不能够被好好地指引的话，很可能会养成粗心大意的习惯，这样的习惯有时候会给孩子带来一些麻烦，那么怎样让孩子改掉粗心大意的习惯呢？这就需要家长和孩子同步努力了，因为粗心是孩子学习中的一大障碍，如果粗心马虎形成习惯，成为一种性格缺陷，对孩子的影响是很大的。

案例分享

女儿聪明伶俐，活泼可爱，可同学们都叫她“马大哈”，原因是无论考试还是平时学习，她总是马马虎虎，粗心大意。她做题是直线向前，义无反顾，根本没想到还需要检查；把检查工作全部留给爸爸妈妈和老师了。别人给她指出错误，她愿意改，可她自己从不主动去检查。有一次，数学竟然考了 59 分，发下试卷后她大哭了一场，因为分数是因粗心而丢。

教子有方

粗心是一种很常见的现象，不光是孩子身上有这种毛病，许多成年人身上也存在。一般来说，粗心大意的毛病在孩子身上表现得尤为明显。粗心让成绩大打折扣，确实可惜。

孩子粗心大意主要与以下因素有关，如表 7—1 所示。

表 7—1　孩子粗心大意的原因

原　因	举　例
知识掌握不扎实	如果问孩子 5 加 3 等于几，他会脱口而出，而且完全正确，但一年级的孩子就有可能出错，因为他还没形成自动反应。因此，如果基础知识掌握得扎实，到了能自动反应的时候，粗心会大大减少。
与日常习惯有关	平时写作业马虎，粗心惯了，考试时便会不由自主地出错。因此，只有平时杜绝粗心，才能保证考试不丢分。
与性格有关	大大咧咧、不拘小节的性格，反映在学习上，就容易增加失误。性子急也很容易导致粗心。
与学习态度有关	如果孩子对待学习不认真，抱着应付的态度，就容易粗心。

要想解决孩子粗心的问题，家长一定要先分析孩子粗心的原因，然后再对症下药，有针对性地做工作。

1. 让孩子认识到粗心的危害

家长可以以生活为实例，让孩子认识速度、质量与效益之间的关系，认识到粗心马虎可能带来的严重后果。如果身边有亲戚或朋友从事精密、细致的工作，家长不妨带孩子去看看他们的工作情况，这样会给孩子较大的积极影响。

2. 注意培养孩子的注意力

家长应避免在孩子学习的时候，把电视声音开得大大的，更不要在这种时候打牌搓麻。因为孩子的注意力是极易受到干扰的。这些做法只能让他无法将注意力集中到学习上，长久之后，孩子便养成了一心二用的坏习惯。有许多家长反映，自己的孩子回家以后，第一件事不是打开电视机，就是戴上耳机，然后才会拿出作业。这样下去，孩子一心二用，很容易养成粗心大意的习惯。

3. 让孩子做些“细活儿”

学习、生活中有许多“细活儿”，这些“活儿”不认真仔细去做是绝对做不好的。对于马虎的孩子，可通过干“细活儿”，克服他的毛病。例如，拣沙子、择菜、画工笔画等等，这些“活儿”都可以帮助孩子克服粗心的毛病。让孩子有目的地去选这类事情做，经常训练，孩子就会变得越来越细心。

4. 培养孩子的责任心

培养孩子的责任心是一件很重要的事情，这是做好一切事的前提条件。如果做什么事情都缺乏责任心，那必定无法做好任何事情。有了责任心，他自然能够小心谨慎地对待每一件事情，不会马虎，才能做好。

想要培养孩子的责任心，光靠嘴说是不行的，还应有计划地培养。比如在家的时候，家长可以让孩子做一些力所能及的事情（洗碗、扫地都可以），如果做得不好，应予以批评，让他重新做一遍；如果做得好，那么就应予以相应的表扬和奖励。其实，说到底就是让他养成自己的事情自己做的习惯，对自己做的事情应该负责任，逐步让他形成对待任何事情都要有认真负责的态度的习惯。

5. 规范孩子的生活

其实，孩子有这种粗心的毛病也是在从小的生活中形成的。试想，如果孩子从小就生活在一个无序的家庭中，没有一定的作息时间，东西可以随处乱放，这样怎能要求孩子没有马虎的行为呢？因此，家长们应该重视这一点，做什么事情要有规律，不要随心所欲，东西摆放要整齐，让自己的家里有一个良好的氛围。一旦孩子在生活上养成了有规律的习惯，在学习上也能做得到。

6. 给孩子适当的惩戒

当孩子由于马虎，做作业或考试时常出错误时，应适当予以惩罚，比如：取消一次看电视或电影的娱乐活动；让孩子背诵两段有关认真、不马虎的格言、名言、谚语等，或讲一个有关这方面的故事；也可以写简短的认识检查，以分析原因。

父母心经

有些家长总担心孩子做错题，得不了高分，就天天给孩子检查作业。这样做使孩子形成了依赖心理，反正做错了爸爸妈妈会帮我检查出来的，因而做题时就不认真。家长应指导孩子自己检查、验证学习效果。在孩子检查之后家长再检查，但不要具体指出错误，而是划定出错的范围，让孩子自己查证。另外，家长要特别注意培养孩子一次做正确的习惯，不能只依赖检查，尤其是在考试的过程中，因为考场上可能没有太多时间让孩子去检查自己的试卷。

和磨蹭拖拉说拜拜

孩子磨磨蹭蹭，与他们没有时间观念有关，孩子是个典型的没有时间观念的群体。由于磨蹭，他们上学经常迟到，做作业也是拖拖拉拉。而做作业是孩子学习过程中最重要的一项工作，如果磨磨蹭蹭，不能快速完成，将会影响学习成绩。

案例分享

已经晚上 9 点了，小辉还在写作业，妈妈也准备睡觉了，便冲着儿子的房间问道："小辉，你的作业做完了吗?"

"快了，妈妈，您先睡吧!"小辉回答道。

妈妈躺下后很快睡着了，不久又醒了，时间是 11 点半，小辉的房间还亮着灯。妈妈来到小辉的房间，看见小辉坐在写字桌边，把头埋在双手里。"作业做完了吗?是不是老师布置的作业太多、太难了，妈妈可以帮帮你!"妈妈关切地问道。

"不多，也不难，可就是老做不完。"小辉有些懊恼地说道。

妈妈叹了口气，就是这样，做什么事都磨磨蹭蹭，一点儿都不利索。没办法，妈妈只能坐下来陪着小辉，监督他早点儿把作业做完。

教子有方

1. 给孩子明确的完成作业的时间

如果孩子不用心做作业，磨磨蹭蹭，家长可以对孩子说：“比起以前来进步多了，我相信你一定能在8点之前完成作业，否则，星期天就不能好好玩了！”孩子有了明确的目标，学习时就有了动力，可以保持紧张状态。

2. 给孩子适当的奖励

当孩子按时完成作业时，家长不但要从言语上进行表扬，还可以提供一些别的奖励。比如允许孩子多玩一会，还可以为孩子设定一个假想的竞争对手，提醒他：“如果每天晚上你能在一个小时内完成作业，你就可以看动画片。”这样孩子就会抓紧时间完成作业了。

3. 给孩子一些计时训练

凡是有磨蹭毛病的孩子，往往不光表现在学习上，也反映在生活的各个方面，如穿衣、吃饭、收拾书包等。因此，克服磨蹭的毛病，应从孩子的实际表现出发，多增加些计时性活动。对年龄较小的孩子，家长可跟孩子一起进行计时阅读、计时答题、计时劳动的小竞赛，这对克服孩子磨蹭的毛病大有好处。

4. 加强孩子专注力的培养

家长应该加强孩子专注力的培养，尽量避免走神，帮助孩子确定每次学习的时间、任务、目标要求，按时完成并评价结果。让孩子尝到提高效率、增加玩乐时间的甜头。

5. 让孩子认识到磨蹭的危害

联系生活、学习的实际，跟孩子讨论磨蹭的坏处，使孩子认识到“时间就是生命，时间就是财富”的基本道理。让孩子明白在充满竞争的现代社会中，只有“飞毛腿”才能加快做事的速度，才可能受欢迎，“小磨蹭”将会被淘汰。

父母心经

磨蹭是孩子在学习中常见的毛病，他们不是从哪一天开始就突然磨蹭的，而是在学习中慢慢形成的习惯。父母的教育方法不当是形成这种习惯的重要因素。孩子学习磨蹭有几种情况：第一种是缺乏学习兴趣，硬着头皮应付，能拖就拖；第二种是行动迟缓，紧张不起来，任家长怎么催促，依然如故；第三种是缺乏时间观念、效率观念，不知道时间对人生的重要意义。因此，要想将“小磨蹭”变为“飞毛腿”，应根据不同情况，对症下药。

无理取闹要不得

很多小孩子经常会出现无理取闹的情况，他们常常为一点小事就大发脾气，挑三拣四，大吵大闹，常有不公平感；他们明明知道一些事不该做，却还是做；经常告状，不讲道理……孩子的这些问题让家长感到非常头疼。

案例分享

然然今年5岁了，正上幼儿园大班。她是一个活泼好动、聪明机灵的小家伙。在家里，爷爷奶奶、爸爸妈妈都宠着她，从不拒绝她的要求，她也很会讨家人喜欢。不过，然然有一个坏习惯，就是总爱无理取闹、不讲道理。她的小脾气上来时，谁都拿她没办法。有时候不知道为什么，她就会大闹不止；她特别挑食，有时候趁老师不注意就把不爱吃的东西偷偷倒掉；她明知道应该同小朋友互相帮助，友好相处，可还是会抢小朋友的玩具……在家里，然然经常把爷爷当马骑，如果爷爷说腰疼不答应，然然便放声大哭，爷爷只好趴在地上让她骑。

有一次，然然在幼儿园里和小朋友玩游戏，起先还玩得很好，但过了一会儿，她忽然大叫肚子疼。老师急忙跑过去，把她抱起来，要去看医生。可她却说："我要让妈妈带我去，老师，你打电话把我妈妈叫来，快点，我就要疼死了。"老师拗不过，只好打电话叫来然然的妈妈。当妈妈接到电话，风风火火地跑来以后，然然却呵呵地笑起来："我根本没事，我是骗你们的，我的肚子一点都不疼，我只是有点想妈妈了。"听了然然的话，妈妈和老师都感到无可奈何。

像然然这样爱无理取闹的孩子，在生活中比比皆是。这也可以说是在当今社会独生子女中普遍存在的一种现象。无理取闹其实是孩子缺乏自制力的一种表现。

教子有方

自制力指能够控制自己、支配自己的行动，并自觉地调节自己行为的能力，它表现为既善于促使自己去完成应当完成的任务，又善于控制自己的不良行为。孩子的自制力主要是靠后天的教育培养起来的。当今独生子女经常会无理取闹主要是家长的不当教育方式造成的。

1. 对于孩子的无理取闹行为要坚决制止

家长有必要让孩子知道，自己的父母既是友善随和的，同时，又是有权制止他们的无理取闹行为的。家长不能一味纵容孩子，这样孩子将不会有满足感。

适当地拒绝孩子，会使孩子学会与人相处时，要讲道理，不能为所欲为。宠坏了的孩子，即使在自己家里也不会感到幸福，一旦他们进入社会，肯定会感到与他人格格不入，他们会发现没有人愿意与自己相处，因为别人都不喜欢他无理取闹，自私自利。家长若坚持一贯要求，孩子就能逐渐学会控制自己、约束自己。

2. 为孩子树立榜样

孩子特别善于模仿，情绪极易受感染。因此，家长可利用生活中、电视中以及故事中的“好孩子”形象来教育孩子，充分发挥榜样的作用。让孩子明白懂事的孩子让人喜欢，而无理取闹的孩子让人讨厌，使孩子的行为向好的方向发展。

3. 纠正孩子时要讲道理

成人在纠正孩子无理取闹的坏习惯时，一定要坚持说理，既要告诉孩子“不能这样做”“要那样做”，又要让他知道“为什么不能这样做，要那样做”，为孩子建立一套行之有效、持之以恒的行为准则，作为孩子评价、判断自己行为的依据，以此来约束自己的行为。只有让孩子了解行为准则的意义，他才会心悦诚服地遵守和执行，并自觉地控制自己不符合规范的行为，而家长简单的训斥与体罚是不能真正地起到教育孩子的作用的。

4．对孩子的无理取闹暂时“无视”

孩子的无理取闹一般发生在家长不满足他的某种需要的情况下，虽然家长给孩子讲了一大堆道理，但孩子根本听不进去，这时家长可以对孩子采取置之不理的办法。让孩子尽情哭闹，一定不要妥协。过一会儿，孩子就会感到自己这样做根本解决不了什么问题，所以就会停止。如果家长始终坚持这样做，孩子就会逐渐改掉无理取闹的坏习惯。

父母心经

孩子几乎很小的时候就会察言观色，父母最初的无条件妥协是造成孩子无理取闹的起始原因，加上祖父母的溺爱和袒护，更助长了孩子无理取闹的气焰。无理取闹的坏习惯一旦养成，孩子就很难控制自己的行为，往往想做什么就做什么，出现种种“越轨”行为，这会严重影响孩子今后的发展。

不做骄傲的“小孔雀”

孩子自信是好事，但是如果自信过了头，就变成自负了。孩子经常得到大人们的夸奖，就会产生一种别人不如自己的想法，慢慢地孩子会看不起别人，进而产生自负心理。家长在夸奖孩子的同时也要指出他的不足，让孩子对自己有个清醒的认识。

案例分享

林林这次期中考试得了全班第一名，老师在开班会的时候，当着全班同学的面把他表扬了一番，并且还给他发了进步奖品。林林别提有多高兴了，放学一回家就把这件事告诉了你：“我这次考试得了全班第一，老师还表扬我了呢！你看，还给我发了奖品，说我进步非常快。我觉得我比班里原来的第一名燕燕聪明多了，她这次才考了第七名，真笨，我以后再也不跟她玩了。”你听了这话，虽然替孩子高兴，同时也觉得不对劲，心想：这孩子，怎么刚刚取得一点成绩就骄傲自大了，还开始看不起别的同学，实在不应该啊！

教子有方

骄傲自满是浮躁的一个重要表现形式，它会导致盲目自信，甚至不思进取。凡是骄傲自满的人没有不失败的，这也就是所谓的“骄兵必败”。一个看不起别人、目中无人的人，会在他与外界之间筑起一道无形的“墙”。这种人大多数时间是生活在自己的世界里，这对一个孩子来讲十分不利。那些“骄傲”的孩子虽然有着令他们骄傲的优点，而且其中不乏非常优秀的孩子。然而正是他们的“骄傲”，使得他们把自己独锁在“骄傲王国”，变得狭隘、自私，他们自己却全然不知“山外有山、天外有天”。因此，家长一定要让孩子从小养成谦虚谨慎、戒骄戒躁的好习惯。

1. 让孩子学会正确评价自己

平时，家长应正确引导孩子，既要让他认识到自己的优点，同时还要看到自己的缺点。告诉孩子即使是最卑微、最弱小的人，也有其他人所不及的地方，同样，再强大的人也有他的弱点，千万不要让孩子用自己的长处与他人的短处比较。

2. 表扬孩子要适度

孩子出现骄傲自大的心理往往是由于过高地估计了自己，认为谁都不如自己，他们只看到自己的长处，看不到短处，总是拿自己的长处和别人的短处比，遇到这种孩子，家长要注意引导，要高度重视感情的作用，尽量做到“浓淡”适度。或对孩子轻轻一笑，加以适当的鼓励；或引导孩子多找自己的不足。

另外，父母也不要事事都“夸奖”孩子，使孩子被夸奖声和赞许的目光包围，长期下去，孩子很容易产生骄傲自满的情绪。

3. 不给孩子过多的物质奖励

家长在指导孩子改掉骄傲自大的毛病的过程中，应本着以精神鼓励为主，物质奖励为辅的原则。因为过多的物质奖励，容易使孩子产生畸形的满足感，会让孩子产生骄傲自大、忘乎所以甚至不思进取的心理。家长应让孩子明白，即使拥有优越的家庭条件，也是父母创造的，而自己其实和其他同学一样，没有什么特别的地方。

父母心经

生活中，孩子总会取得一定的成绩，如在学校中考得了好名次，被评为“三好学生”“优秀班干部”，或在某项活动中表现突出受到表扬等。这个时候，孩子的情绪都会比较高涨，自信心也会比平常强，由此产生一些骄傲自满的情绪。父母要善于抓住这个时机，在肯定和鼓励的基础上，给孩子提出新的目标和要求，引导孩子乘势而上，把一时的热情转化成持久的动力。

好习惯，让孩子变得更优秀

好习惯可以成就孩子的一生，拥有良好的学习、生活习惯，不仅能够让孩子更好地应对学习和生活，而且对于以后孩子的成长、成才具有重要的作用。良好的习惯是需要培养的，所以父母要从学习、生活的方方面面有意识地去引导、培养孩子，让好习惯伴随孩子一生。

好习惯，成就孩子的一生

习惯决定孩子的命运，再也没有什么比习惯养成更重要了。习惯可以影响教育的各个方面，比如：智育是良好的思维习惯，德育是细小的行为习惯，素质教育更加体现在人的细小的行为上。大量事实证明，习惯是一种顽强的力量，可以主宰人的一生。孩子的一切都从习惯培养开始，父母如果不注重培养孩子的良好习惯，无疑是在葬送孩子美好的未来。

案例分享

儿子小威特6岁时，我带他到牧师家去，并在那儿小住了几天。第二天吃早点时，儿子洒了一点牛奶。按在家里的规矩，洒了东西就要受罚，为此他只能吃面包了。我儿子本来就喜欢喝牛奶，再加上牧师全家非常喜欢他，为了他的到来，还给他特意调制了一种牛奶，并添上了最好的点心，这对小威特还是诱惑不小的。他在洒掉牛奶后先是脸稍红了一下，迟疑了一会儿，但终于不喝了。

我故意装作没看见，牧师家的人看到这种情况，实在沉不住气了，只得再三让他喝牛奶，可儿子还是不喝，并十分不好意思地说：“因为我洒了牛奶，所以就不能再喝了。”牧师家的人还是再三劝说他：“没关系的，一点关系也没有，喝吧，喝吧。”我在旁边一边吃着点心，一边仍然故意装作没看见。儿子还是坚持不喝，在万般无奈之下，过于疼爱我儿子的牧师全家就向我进攻了，他们推测一定是由于我训斥了儿子。

为了打破僵持的局面，我让儿子出去一下，待我向牧师全家说明理由以后看看情况是否会有所变化。他们听后责怪我："对一个刚 6 岁的孩子，因为一点点过错就剥夺他喜欢喝和吃的东西，你的教育过于严苛了！"

我只得加以解释说："不，儿子并不是因为惧怕我才不喝的，而是因为他从内心里认识到这是约束自己的纪律，所以才不喝的。"

听了我的解释后，牧师全家还是不相信，于是我只好通过做一个试验来揭示事实真相："既然这样，那么我们可以试验一下，我先离开这个房间，你们再把我儿子叫来，劝他喝，看他是否会喝。"说完，我就走开了。

待我离开房间后，他们把我儿子叫进屋里，热情地劝他喝牛奶、吃点心，但毫无效果。接着他们又换了新牛奶，拿来新点心诱惑我儿子说："我们不告诉你爸爸，吃吧！"但儿子还是不吃，还不断地对他们说："虽然爸爸看不见，但是上帝能看见，我不能做撒谎的事。"

他们接着又说："我们马上要去散步，如果你什么也不吃，途中要挨饿的"。

儿子回答说："不要紧。"

实在没有办法了，他们只好把我叫进去，儿子流着泪水，如实向我报告了情况。我冷静地听完后，便对他说："你对自己良心的惩罚已经够了。因为马上要去散步，为了不辜负大家的心意，把牛奶和点心吃了，然后我们好出发"。

儿子听完我的话，才高兴地把牛奶喝了。仅仅 6 岁的孩子就有这样的自制能力，牧师全家都深感不解。

一般人可能只觉得父亲的教育过于严格了。是的，从一般孩子的行为方式看，这种教育在某种意义上确实是很严格的。但是从另一方面来看，由于他的教育方法好，这并没有使儿子感到痛苦。因为对孩子的教育，即使很严格，但只要从小抓紧，他们养成了习惯，也就不会感到有任何痛苦了。对孩子的教育，就像砌砖一样，必须打好基础，这位父亲正是出色地做到了这一点。

教子有方

1. 规则要明确，言行要一致

在培养孩子的行为习惯方面，家长一定要坚持"是非分明，始终如一"的原则。有时答应，有时不答应，反而会给孩子带来痛苦。不允许的事，一开始就不允许，这对孩子就没有什么痛苦可言了。所以不能以"小时候可以放宽一些，稍长大后再严格一些"这种似是而非的做法来管束孩子。综观当今大多数父母，他们的"禁律"出尔反尔，反复无常，不能始终如一。有时不行，有时却又变得行了。这样久而久之，就在孩子的心灵上打下了父母的“禁律”可以打破的烙印。所以要教育好孩子，父母必须对事物的好坏有一个始终如一的主见，无主见是教育孩子的最大禁忌。

2. 及时纠正孩子的坏习惯

处于成长过程中的孩子，总会有一些不恰当的行为。如果父母听之任之，一旦这些不良行为习惯成自然，它们必将影响孩子的生活和学习。下面的一些坏习惯，父母一定要及时纠正。

（1）傲慢无礼

孩子傲慢无礼的举止通常是在儿童时期模仿大孩子以试探父母的反应时就开始了。一些家长以为这只是阶段性的，于是就置之不理，但是如果家长不正面应对这一问题，孩子习以为常，就会变成真的“傲慢无礼”，严重影响孩子与他人的交往。

（2）随意打断别人说话

随意打断他人说话是一种不礼貌的行为，如果孩子养成这样的习惯，在社交中也会不受欢迎。所以，父母要告诉孩子随意打断别人的谈话是不礼貌的行为，如果自己有什么话要说，一定要等别人说完再说。

比如，在你要打电话或跟朋友聊天之前，告诉孩子要保持安静、不能打扰你。可以给孩子安排点活动或者让他玩一个他平时没玩过的玩具。如果你在谈话时，孩子缠着你，一定要明确地告诉孩子，这样纠缠下去是不会得到想要的东西的。

（3）对大人的话置之不理

当家长让孩子做一些他不喜欢的事情时，比如自己整理玩具、自己收拾东西等，孩子却装作没听到，对大人的话置之不理。这时，父母不能忽视孩子的这种行为，因为这样下来传递的信息是“可以漠视大人的指令”。

所以，如果发现孩子对大人的话置之不理，父母一定要及时采取行动。比如，可以走到孩子面前，告诉他该做什么，与孩子谈话时，让孩子看着你，并且回答“好的，妈妈。”

（4）攻击性行为

孩子和小伙伴有小冲突的时候，家长可以暂时不介入，尽量让孩子自己去解决，但是如果孩子有一些小的攻击性行为，比如推倒别人或掐别人，这时候，父母要及时制止。

父母可以把孩子拉到一边，告诉孩子，采取粗鲁的行为是解决不了问题的，更不能做出伤害他人的举动，鼓励孩子心平气和、理性地去解决问题。

3．培养孩子的习惯要从小事做起

培养孩子的行为习惯，要从小事做起，从细微处入手，家长千万不可忽视。比如，要引导孩子养成注重仪容仪表、学会自己整理衣物、勤洗澡、讲卫生等生活小细节方面的好习惯。另外，从行为上，要引导孩子不乱扔垃圾、少吃或不吃零食、不乱倒剩饭菜、遇见客人礼貌地打招呼等习惯。

父母心经

良好的习惯对于孩子的生活、学习有着非常重要的作用，不仅能使学习如虎添翼，还能帮助孩子拥有良好的人际关系，成为一个有教养、受欢迎的人。所以，父母一定要从小培养孩子的行为习惯，从生活中的点点滴滴做起，以身作则，给孩子树立好榜样，给孩子一定的规则训练，这样长期坚持下来，孩子会逐渐养成良好的行为习惯，生活、学习也会更有条理。

让孩子爱上阅读

进行早期阅读的孩子，在认字活动中，可以学会比较和辨别，从而锻炼对细微差异的观察力。而阅读也会使孩子的记忆力得到提高。另外。对图画的串联和对抽象的文字符号的学习，会大大带动孩子想象力的发展。而根据阅读内容进行简单的推理判断，则可以对孩子的思维进行锻炼。

早期阅读培养孩子对书籍的热爱和良好的阅读习惯，使其形成爱读书、好学习的习惯及崇尚知识的情操，从而培养了孩子的阅读能力和自学习惯，使孩子学会“如何学习”，从而在日后的学习生活中，得以步步领先。

1. 培养阅读习惯越早越好

在孩子很小的时候，家长就要培养孩子的阅读习惯，比如给孩子读故事，和孩子一起阅读儿童绘本，还可以和孩子一起交流书中的故事，给孩子良好的早期阅读体验。

2. 营造阅读的氛围

阅读的氛围包含两方面的内容：一是硬件设施。也就是家里要有书可读，尽可能多购书，品种要全一些，同时不要忽视准备一些工具书。二是软件指标。孩子读书时，家长尽量保持安静，家里人最好都有读书的习惯，每天都有在一起看书的时间，一起讨论书中内容的时间。孩子的可塑性强，极易受环境影响，想让孩子爱读书，首先家长自己要爱读书。

3. 保证阅读的时间

让阅读成为生活方式，是一个长期的过程。如果每天都给孩子一段读书的时间，哪怕只有 10 分钟，日积月累也是一个惊人的数字。

4. 阅读要坚持

父母可以和孩子一起按日历绘制一张读书表格贴在墙上，比如当天读书 30 分钟，就在表中记录书名及时间。积累一段时间后和孩子一起回顾，给予适当的奖励和表扬，使孩子有成就感。

5. 读书要动手动脑

鼓励孩子把读书时发现的好词语、好句子、精彩片断摘录下来，精彩章节和佳句要能熟记，提倡背诵一些名篇名句。

另外，家里要适当准备一些工具书，以便孩子有疑问时可以查阅，使孩子认识到工具书的作用。

6. 爱护书籍

孩子领回新课本后，父母可以和孩子一起给书包上书皮，并告诉孩子要保持书本的干净、整洁。

带孩子到公共图书馆参观，让他切身体会图书分类摆放的好处，有条件的家庭可以设立书架，把孩子的书摆放整齐。父母切勿越俎代庖，由孩子弄乱的书籍一定要让孩子自己摆放回去。

7. 多带孩子去书店

带孩子去书店是一个让孩子零距离接触图书的最好途径。除此之外还有图书馆、书市等地方，这些地方特殊的读书氛围就像气功的“场”，孩子去的次数多了也就产生了“场效应”。

8. 家长的观念要与时俱进

随时更新观念。不少家长也支持孩子读书，可是由于观念陈旧，不接受新的事物，只允许孩子读与课本有关的课外书或者文学名著，对自己不了解的书则一律禁止孩子读。这势必影响孩子的视野，使得孩子的阅读范围变得狭窄，从而造成知识、能力的残缺。

父母心经

培养孩子的阅读习惯，不仅对于孩子各科的学习有着极大的帮助，而且还能帮助孩子静下心来思考，使孩子养成勤学勤思的好习惯。培养孩子的阅读习惯，家长也要以身作则，主动拿起书本，和孩子一起阅读，营造良好的读书氛围，孩子耳濡目染，自然也会越来越喜欢阅读。另外，阅读也需要沟通和交流，父母应该加强与孩子之间的沟通，把自己认为好的图书推荐给孩子，同时也可以热情接受孩子推荐给自己的图书，与孩子之间形成良好的交流互动。

让孩子参与家务

培养孩子从小做家务的习惯是提高孩子动手能力的有效途径之一，现在的孩子多数缺乏家务劳动概念，这是当今社会中普遍存在的问题。每个家长都“望子成龙，望女成凤”，对孩子寄予极大的期望，为孩子的成长、成才付出了很多的心血，却忽视了孩子的劳动教育，致使孩子“四体不勤”，缺乏自理能力，并在幼小的心灵里种下了不劳而获的不良思想。

在儿童教育中，劳动教育是必不可少的，因为劳动观念的培养，劳动技能的掌握，是孩子成才的必要条件。劳动能更好地促进孩子的身体发育，智力发展，劳动技能掌握，让孩子总结生活经验，提高自理能力，并促进美好家庭关系。教孩子做家务和智力开发、品德教育一样，必须从小进行。

案例分享

赵锡成出生于上海，是美籍华人，现任美国福茂集团董事长。他共有6个女儿，其中长女赵小兰曾任美国劳工部部长，是华裔在美国政府职位最高者，四女儿赵小甫曾任通用集团副总裁法律顾问，五女儿赵小婷曾在哥伦比亚大学攻读教育学博士学位，小女儿赵安吉毕业于哈佛商学院，现任福茂集团副总裁。

赵锡成介绍，他一直很注重培养孩子的独立自主能力。尽管家庭经济条件不错，但是他并不想让孩子娇生惯养，养成不劳而获的坏习惯。从很小起，他就要求6个女儿在家里分担家务。如，每天早晨，她们要出去检查游泳池的设备，捞起水上的脏东西；到了星期日，则要整理两英亩的院子，把杂草和蒲公英拔掉。小女儿赵安吉在未成年时，已经负责处理家里的账单，将圣诞卡的邮寄名单输入电脑，并接听晚上的电话。

教子有方

对年幼的孩子来说，学习做家务既是学习，也是游戏。为了让孩子感到做家务是件快乐的事，在引导孩子学习做家务前，父母不仅需要认识以下一些问题，还得了解处理的方法，同时父母也要知道，培养孩子做家务的习惯需要时间和耐心，唯有愉快、自主、自发才能达到教育的效果。

1. 父母要正确地看待家务

父母要正确地看待家务，不能让孩子从父母的言行举止上察觉出做家务是件令人讨厌的事情。此外，夫妻俩对家务的分工要妥善安排，免得孩子产生“做家务是女性的事情”的错误观念，应让孩子有正确的认识，“家”是属于每个人的，所以屋里的每一件事，大家都有义务去做。

2. 分配给孩子的家务要适当

父母要让孩子参与家务劳动，在任务分配时一定要考虑到各年龄段孩子的动作技巧、认知程度、体力、耐心等方面的特点，视孩子的能力范围而定，给孩子分配力所能及的家务。

3. 做家务时注意孩子的安全

在让孩子参与家务劳动时，一定要考虑到孩子的安全问题。比如，不能让孩子去碰热水、电器等，不让孩子自行拿取危险物品，对于一些可能具有危险性的行为，父母一定要制止孩子去做，确保孩子的安全。

4. 孩子做家务时，要及时给予鼓励和赞扬

在孩子参与家务劳动时，无论孩子做得如何，父母都要及时地给予孩子鼓励和赞扬，让孩子知道，他所做的事对全家都有很大的帮助，是家里不可少的一份子！或者是让孩子感受到他所做的每件“小事”你都注意到了，只因为他年纪小，能力、耐心都有限，自然不如大人做得纯熟，这时，可以这样告诉孩子：“宝贝做得很认真，这一点非常棒哦！

妈妈相信，宝贝会做得越来越好的!”

父母心经

有的家长过于疼爱孩子，不让孩子做家务，有的家长则觉得孩子还小，担心孩子做不好，不仅浪费时间，还帮了倒忙，于是就不让孩子参与家务活动。其实这些做法是不可取的，如果孩子不参与家务，长期下去就会养成好逸恶劳的坏习惯，不仅会好吃懒做，而且也不能体谅父母的辛苦，更不会站在他人的角度考虑问题。所以，父母一定要让孩子参与家务活动，给孩子分配一些力所能及的“工作”，这样不仅锻炼了孩子，而且在一起劳动中，也增进了亲子间的关系。

运动，让孩子更有活力

儿童时期是人形成良好习惯的关键期，此时孩子在生理上处于生长发育和素质发展的敏感期，可塑性强，最容易接受成人的引导与训练，正是养成自觉锻炼身体习惯的好机会。如果错过了，随着年龄的增长，由于受旧习惯的干扰，新习惯就难以形成。

案例分享

小军是一名大学生，这个身高 1.83 米，体格健壮、动作敏捷的男孩子，不仅学习成绩优秀，而且擅长多种体育运动，得到学校各个球队的青睐。

小军的全面发展，得益于父母的用心良苦。他的父亲这样谈到，从孩子刚会走路到初中毕业十多年的时间里，他每天都带孩子进行1个小时的运动，从未间断。这期间，孩子入学是考验父母判断力的时刻。因为以后孩子的生活状态将有所改变，学习成为孩子的主要任务。他经过仔细考虑，觉得还是体育最重要。他认为，提早为孩子在智力上做选择，也就是让孩子学习某种特长，如美术、钢琴之类的，是不明智的，这些应该让孩子长大后自己选择。

经过几年的体育训练，小军的体质明显增强，身体各个部位都发育得十分健壮，而且身体素质也非常好，身高也比同龄人高很多。

教子有方

“生命在于运动”，人人都知道运动与身体健康的密切关系。通过体育锻炼，孩子的生长和发育可以更快，人体各个器官的功能也能得到增强；体育锻炼还与一个人的心理素质有密切的关系，身体健康的人患心理疾病的可能性也低，一些良好的道德和意志品质也能在体育锻炼中培养。锻炼身体的好处我们说都说不完，然而，应试教育导致学生课业负担过重，课余活动时间过少，结果就出现了孩子的学习成绩上去了，眼镜也戴上了，大学通知书拿到了，身体却垮了的现象。

体育锻炼重在参与，仅在家里和孩子一对一地玩是不够的，要经常带孩子到公共场所观看他人的运动，让他感受运动给人带来的活力，从中得到感染。

1. 培养孩子对体育锻炼的兴趣

兴趣是人做任何事情的基本动力，在这点上，我们希望家长能够意识到，兴趣是最好的老师，孩子对体育锻炼的爱好可以让许多家长省心。作为家长，不妨观察一下孩子对什么样的体育活动有较为浓厚的兴趣，然后不动声色地提供一些条件并加以引导，孩子就会积极主动地去参加体育锻炼。

2. 培养孩子的意志力

家长在对待那些有浓厚的兴趣但意志力不够强的孩子时，应多鼓励，制订锻炼计划，并适当地创造奖励条件，进一步巩固强化孩子的兴趣。有的时候甚至可以采取一些惩罚的措施，从而改掉孩子不爱锻炼的坏习惯。

3. 为孩子的体育锻炼创造良好的条件

父母要创造条件，鼓励、支持孩子参加各种体育锻炼，以增强孩子身体各部位的机能和适应环境的能力，增强孩子的体质。

比如，为孩子提供安全的体育锻炼场地。训练孩子的运动能力，应该为他准备场地，场地必须安全。父母不要整天将孩子关在家中，孩子从幼儿园出来时，总希望在外面玩一会，这时父母不要急着把孩子带回家，应该让他做些必要的户外活动，可以在居住地的周围找一块空地让孩子蹦蹦跳跳。有些住宅区周围过往的车辆很多，父母应该特别注意安全。

再比如，给孩子准备一些体育锻炼的器材。孩子为运动而运动总感到枯燥，父母可为孩子配置必要器材，增加活动的趣味性，如球类、橡皮筋。另外，为了方便孩子运动，应该让他穿运动鞋和运动服。

父母心经

要根据孩子的年龄和体质教给孩子锻炼身体的正确方法。人的智力发展有一个最近发展区，身体素质同样也有一个“敏感教育期”。儿童时期是人的身体素质发展最关键的时期，黄金时期不容错过，否则将贻误终身。作为家长，要了解一些基本的体育常识和生理常识，根据孩子的年龄特征和体质状况，合理分配锻炼时间，掌握锻炼技巧，切不可因噎废食或锻炼过度。

规律作息，早睡早起

案例分享

故事一

对于科林的父母来说，最头痛的就是每天让科林起床。像许多孩子一样，科林晚上习惯晚睡，很少在11点前上床，这个夜猫子的习性让她养成了晚起的坏习惯。为了帮助科林调整作息时间，妈妈少干家务、爸爸少看电视，9点半准时上床睡觉。这样，她在10点总算是睡着了。早上妈妈早早叫她起床，这次科林终于在7点半准时和朋友一起出门了。

平时这个坏习惯还没什么，有事时却真的让人着急，比如上周六因为她不肯按时起床，结果耽误了学英语的时间。

故事二

一个早晨，天刚亮，楼下就响起了琅琅的读书声。这时距离6点还差两分钟。这是隔壁的孩子在朗读语文课的经典文章。

这孩子天天都这样按时读书。据孩子的妈妈讲，这是她从上小学以来养成的习惯。一般情况下，这孩子按时作息，每天一觉醒来大致都在6点钟，上下不差两分钟！不论春夏秋冬，她就像一个生物钟。醒了后，洗洗脸她就开始念书，小学时念语文、古诗什么的。现在上了初中，除了念语文，其他时间大都在念英语。孩子有这样的好习惯，当然源于父母的以身作则。父母与孩子差不多同时起来，先开炉子后做饭，收拾一下家务就到6点半，不论春夏秋冬，都保证孩子按时吃饭、上学。

教子有方

科学家称生物钟是我们与生俱来的一种工具，它可以保持我们基本以 24 小时为行为周期，睡觉吃饭都有规律的时间间隔，所以，早睡早起是健康生活的良方。

早睡早起是一种有规律、自我约束的生活方式，每时、每天、每月、每年按照既定的规律前行。但约束往往来自经验，源于自然之道。

“自然之道”就是顺应生物钟的养生之道，“自然之身”也指人体内生来就有生物钟这个“自然”规律。生物钟养生的核心内容就是要求人们有规律地生活。生物钟学说一再证明：有规律地生活，即持之以恒地顺应人体生物钟及大自然的规律起居、饮食、劳动、学习。这个问题我们的老祖宗早已认识到，作为古训，在历代的典籍中都有记载，最有代表性的是一千多年前成书的《黄帝内经》，其中明确指出：“其知道者，法于阴阳，和于术数，食饮有节，起居有常，不妄作劳，故能形与神俱，而尽终其天年，度百岁乃去。”

早睡，一般是指在晚上 10 点左右休息，因为 11 点后，人体各个器官就开始修护排毒，比如肝脏在晚上 11 点就开始排毒，如果你晚睡，那么你的肝脏就十分容易出问题。另外，人体由内至外的器官组织都要休息了，如果你延长它们的工作时间，时间长了肯定会出问题。此外，如果你晚睡，第二天肯定没有早睡的人有精神。

早起是指在早上 7 点左右起床，这时，大脑经过一个晚上的休息，会在固定的时间开始恢复它的运动，而你这个时候强制它处在休眠状态，违反规律，就会发现，越睡越想睡，而且感觉全身疲乏。如果你在每天晚上 11 点前睡觉，早上 7 点左右起床，中午可以休息 15—30 分钟，身体就会很健康。

科学家研究发现，与常熬夜的人相比，早睡早起的人精神压力较小，其精神健康程度较高。此外，科学家还分别测量了被研究对象上班和回家时唾液中皮质醇的指标。分析结果表明，早睡早起者唾液中的皮质醇指标较低，因此他们的精神抑郁度也较低。由此可见，早睡早起身体好的说法，并不是无中生有的，而是有科学依据的。

但对于很多上班族父母来说，每天早上都像是在打仗，而这个时候孩子偏偏不合作，赖在床上不肯起来，真是让他们伤脑筋！所以，父母要为自己的孩子制定严格有规律的作息时间。从小让孩子养成早睡早起的好习惯。

1. 父母以身作则

父母应尽量做到早睡早起。“早睡早起”，其实是一对好兄弟，所以，要孩子早起，首先得做到早睡。或许你是很会享受“夜生活”的，但为了孩子的发展与健康，尽可能以身作则，培养孩子养成良好的生活习惯吧！

2. 让孩子晚餐吃少

饮食也会影响睡眠。如果晚餐吃得过饱或摄取热量过高，孩子会因肠胃不适而睡不着，或因精力异常充沛而不想睡觉。这样一来，第二天早晨就会起得晚些。如此恶性循环，不只对孩子的健康十分不利，对大人也一样。

3. 白天让孩子得到充分的运动

白天孩子的运动量是否足够，也会影响到孩子的睡眠。我们常见孩子玩累了，不知不觉地睡去的情形，让孩子在白天得到充分的运动，夜间睡眠的质量自然也会好一点。

4. 为孩子营造良好的睡眠环境

孩子睡不着，我们却开灯或看电视、走动，孩子就更睡不着。就寝时间一到就关灯，让房间变得昏暗，孩子就很容易入睡了。

5. 合理安排睡前活动

有些孩子会因为白天玩得很“疯”或睡前泡了热水澡而变得不易入睡或睡不安稳。此时，我们不应催促孩子“赶快睡!”“闭上眼睛!”，这样一来，孩子反而更睡不着。为孩子安排一些安静、有趣的睡前活动，如温和地谈话、讲故事等，安抚他的情绪，这样，能使孩子更顺利地进入梦乡!

6. 要活用唤醒的方式

除了确保安稳、充足的睡眠以外，更要在清晨及时叫醒孩子。如果你习惯了用闹钟，每天都可选择一段清新、欢快的音乐，这样，孩子会高兴地开始新的一天；或我们拉开窗帘，让“太阳公公”照亮孩子的双眼，让他意识到应该起来了。

父母心经

引导孩子养成早睡早起的好习惯不是短时间内可以完成的事情，父母们要以身作则，从自身做起，一定不能操之过急，要有耐心和毅力去完成这件事情。比如，父母可以与孩子商量晚上几点开始洗漱，几点上床入睡，早上几点起床等，商定以后，和孩子一起严格执行。另外，父母还可以和孩子一起商定奖惩措施，如果谁违反了“早睡早起”的规定，就要接受相应的惩罚，这样，孩子执行起来会更有动力，也更有趣。

第九章

好心态，让孩子更好地度过叛逆期

心态对人的影响非常重要，对于孩子也是如此，拥有良好心态的孩子不容易有叛逆倾向，而且乐观积极的心态更有助于孩子良好性格的形成和学习成绩的提升。父母要有意识地塑造孩子良好的心态，帮助孩子克服自卑、软弱等消极心理，引导孩子养成乐观开朗、阳光自信的好心态，帮助孩子更好地度过叛逆期。

帮孩子克服自卑心理

自卑是一种性格缺陷，而一个人的自卑性格的形成往往源于儿童时代。无疑，自卑对孩子的心理健康将产生负面影响，更对一个人的身心两方面的正常成长起消极作用。

案例分享

有位母亲第一次参加家长会。幼儿园的老师说："你的孩子有多动症，在板凳上3分钟都坐不了。"回家的路上儿子问老师说了什么，她鼻子一酸，差一点落泪。"老师表扬了你，说宝宝原来在板凳上坐不了1分钟，现在能够坐3分钟了。别的家长特别羡慕妈妈，因为全班只有宝宝进步了。"那天晚上，儿子破天荒地吃了两碗米饭。第二次家长会，老师说："全班50名学生，这次你儿子数学排49名，我怀疑他有智力问题，最好带他到医院看一下。"

回家的路上，她哭了。回到家里，看到诚惶诚恐的儿子时，她振作精神："老师对你充满信心，你并不是一个笨孩子，只要你能够细心些，会超过你的同桌。"说这些话时，她发现儿子暗淡的眼神一下子亮了。

第二天上学，儿子比平时起得都早。孩子上了初中，又一次家长会，老师告诉她："按你儿子的成绩，考重点中学有点危险。"她还是告诉儿子：“班主任对你非常满意，只要你努力，很有希望考上重点中学。”

高中毕业，儿子把清华大学招生办的通知书送给了妈妈。边哭边说：“妈妈，我一直都知道我不是个聪明的孩子，是您……”

这时，她再也控制不住十几年聚集在内心的泪水。

小孩的特点是好奇、幼稚、缺乏自信。他们对每一点小小的进步都非常在乎，渴望得到大人的肯定。父母和教师要鼓励孩子学习，真诚地赞扬他们取得的微小的成绩，使他们认识到，我能学好，从而增强自信心。

教子有方

1. 引导孩子积极发言，培养自信

要重视孩子的语言发展。贫乏的语言环境妨碍学业的进步。要尊重孩子的意见和感情，创设安全的气氛，让孩子畅所欲言，要鼓励孩子在课堂上积极发言，以培养他们的自信心。不要错误地认为不声不响埋头学习就是好孩子。

2. 发挥特长，促进自信

孩子的智力发展是不均衡的，每个人都有自己的个性特征。父母要了解孩子，发挥他的优势。小文学习成绩不拔尖，但他天生一副好嗓子，朗读起课文来声情并茂，父母和老师充分发挥他的特长，让他担任学校广播站的播音员，他不仅发挥了特长，成绩也提高了很多，从而增强了自信心。

3. 解决困难，发挥自信

要鼓励孩子参加各种解决困难的实践活动。无论是学科学习还是非学科学习，都要指导孩子自己动脑筋解决，常使他们体验到成功的喜悦，那么，孩子的自信心就会得到提高。

高度的自信和自由奔放的创造性是密切相关的。研究表明，只有具有自由创造才能的儿童，充满自信、沉着镇静、善于独立思考，才能够聚精会神，专注于个人的学业，使学习效率不断提高。

4. 鼓励孩子坐前排

许多人在开会或参加集体活动时，喜欢挑后面的座位。其中的原因是多数人都不希望自己太“显眼”。而这正说明他们缺乏自信。请从现在开始，尽量往前坐吧！当然，坐前面是会比较显眼，但你要知道，有关成功的一切都是显眼的。所以，父母要多鼓励孩子，参加集体活动时，勇敢地坐在前排，尽可能地多展现自己。

父母心经

自卑的孩子大多性格孤僻，不愿走进集体和别人交往，长期下去不仅影响孩子的人际交往能力，而且对孩子的学习、生活等也会造成不良影响。所以，面对自卑的孩子，父母一定要及时干预，找到孩子自卑的原因，对症下药，帮助孩子走出自卑的泥潭。

面对孩子的自卑，父母不能一味地责备孩子，这样会加重孩子的自卑，而是要为孩子营造温馨和谐的家庭环境，让孩子感受到来自父母的爱。另外，在日常生活中，父母也要多鼓励孩子说出自己的想法，勇敢地去表达自己，多带孩子参加集体活动，鼓励孩子在公共场合发言，坚持下去，孩子会变得越来越自信、开朗。

乐观开朗，让孩子更阳光

关于乐观，法国作家阿兰在论述把快乐的智慧用于和烦恼做各种各样斗争时说：“烦恼是我们患的一种精神上的近视症，应该向远处看并保持积极乐观的心态，这样我们的脚步就会更加坚定，内心也就更加泰然。”

案例分享

故事一

如果这会儿下雨了，就要引导女儿说“下雨了。”而不要说“该死的天，又下雨了。”因为这样说并不能改变下雨的事实。当然，就算说“太好了，又下雨了。”也不能使雨天发生任何改变，可是如果把这种话说给孩子听，情况就大不一样！“瞧，太好了，又下雨了！小鸟在歌唱，小草也在歌唱，它们都得到了雨的滋润。”这样就会把快乐传递给孩子，让她无论面对何种环境，都保持一种愉悦的心情。

故事二

一位外国大提琴家的童年故事可以说就是一个绝好的例证。有一天，他拖着比自己还高的大提琴，在走廊里迈着轻快的步伐，心情显然好极了。一位长者问到：“孩子，你这么高兴，是不是刚拉完大提琴？”他的脚步并没有停下：“不，我正要去拉。”这个7岁的孩子懂得一个许多大人不懂的道理：音乐是一种愉快的享受，而不是我们不得不做的、必须忍受的工作。

乐观是“一种性格倾向，使人能看到事情对人比较有利的一面，期待更有利的结果”。也许有些孩子天生就比较乐观，有些孩子则相反。但心理学家发现乐观的思想是可以培养的，即使孩子天生不具备乐观的品质，也可以通过后天的努力来获得。

教子有方

1. 勿对孩子控制过严

作为家长，当然不能对孩子不加管教、听之任之，但是控制过严又可能压制孩子天真烂漫的童心，对孩子的心理健康产生消极作用。不妨让孩子在不同的年龄阶段拥有不同的选择权。只有从小就能享受选择权的孩子，才能感到真正意义上的快乐和自在。

2. 对孩子不要感情冷淡

从小无感情体验和感情依恋的孩子长大后不会对他人施以爱和同情，他们将长成冷漠无情的性格，很少体验快乐，难以与人相处，当然也就不会具有乐观精神。因此不论父母的工作有多繁忙，都要尽量抽出时间来陪陪孩子，让孩子感受到父母的爱。

3. 鼓励孩子多交朋友

不善交际的孩子大多性格抑郁，因为时时可能遭受孤独的煎熬，享受不到友情的温暖。不妨鼓励孩子多交朋友，特别是同龄朋友。本身性格内向、抑郁的孩子更适宜多交一些开朗乐观的朋友。

4. 在活动中感受快乐

快乐的最重要的来源是成就或创造的成果以及完成了有意义的活动。快乐随着获得某种成就的努力而产生，例如孩子蹒跚着从远处走到母亲面前，他体验着的是真正的快乐，因为他做完了一件事情，他得到了成就。在成功中，孩子得到快乐的同时，也体验到了力量和信心，有助于对自我的肯定。

5. 教会孩子与人融洽相处

和他人融洽相处者的内心世界较为光明美好。父母不妨带孩子接触不同年龄、性别、性格、职业和社会地位的人，让他们学会和不同类型的人融洽相处。当然，孩子首先得学会跟父母和兄弟姐妹以及亲戚融洽相处。此外，家长自己应与他人相处融洽，做到热情、真诚待人，不在背后随意议论别人，给孩子树立一个好榜样。

6. 培养孩子多方面的兴趣爱好

一个孩子如果仅有一种爱好，就很难保持长久的快乐感觉。试想，只爱看电视的孩子一旦晚上没有合适的节目时，心头必然会郁郁寡欢。相反，如果孩子看不成电视时爱读书、看报或做游戏，就同样可以乐在其中。

父母心经

家庭的气氛，家庭成员之间的关系，在很大程度上会影响孩子性格的形成。研究表明，孩子在牙牙学语之前就能感觉到周围的情绪和氛围，尽管当时他还不能用语言来表达。可以想见，一个充满了敌意甚至暴力的家庭，绝对培养不出开朗乐观的孩子。

鼓励，让孩子更自信

对于孩子而言，他们幼小的心灵尚未成熟，自己的风格也尚未形成，尤其需要来自外界主要是家庭中父母的肯定。赞扬与鼓励是形成孩子自信乐观的性格的最有力的催化剂。只有得到一定程度的赞扬与鼓励，孩子才会有恒心与热情去做好一件事。

相反，嘲笑与指责却能挫伤孩子的积极性，让他们丧失热情。在嘲笑与指责中，孩子会产生一种心理上的恐惧感，从而否定自己，在否定自己的同时，会产生极度的自卑感，进而意志消沉、精神萎靡。

当然，这里所指的赞扬与鼓励并不是毫无原则的、廉价的赞美。对孩子错误行为的认同与鼓励，与嘲笑和指责一样无益。对孩子的错误行为，也要提出一定的批评，但这种批评是建立在尊重和不挫伤孩子的自尊心的基础之上的，绝不是嘲笑和指责。

案例分享

荷兰的一位诺贝尔奖获得者——著名的物理学家海克，幼年时对科学实验表现出了极大的兴趣。为此，家里专门腾出一层阁楼，让小海克把它建成了“天文台”和“实验室”。小海克被自己的这一席天地迷住了，成天钻在里面不出来。

可是有一天，竟闯下了大祸。做实验时，由于不小心，燃起了火。被大风一吹，将整幢楼烧掉了一半。

这可把小海克吓坏了，他自知肯定要为此受罚，就逃出了家门，整夜不回家。

后来母亲好不容易才在田野上的一个小草垛里找到了他。

母亲不但没有责备他，还对他说："为了研究科学，你就是把家里的宅子全拆了，把田地全毁了，我们也决不会埋怨你！"

这番鼓励非同小可，它在海克的一生中一直激励着他去奋斗。当他在事业上遇到困难时，母亲对他的鼓励就会在耳边回响，让他重新树立起信心，去战胜困难！

童年时代，孩子们都有好奇心，向往大人的尊重和关注，这是每个孩子的天性，但是他们缺乏生活经验，处理事务往往很幼稚，又很想去体验，就会做出一些错事。如果这时，父母用严厉的话语来责备他们，孩子会感到很委屈。如果这时，父母再训斥或体罚他们，孩子更会感到茫然。

赏识孩子，实质上就是对孩子进行积极的心理暗示。孩子的发展潜力很大，可塑性很强，自我评价能力却比较弱。赏识孩子，能增强孩子的自信心和自尊心，使孩子获得成功感，促使他们努力进取，争当好孩子。在教育工作中学会赏识孩子，体会到赏识孩子是成功教育的"秘诀”。

杜鲁门当选美国总统后，一位客人去他家拜访。

客人笑着对杜鲁门的母亲说：“有哈里这样的儿子，你一定十分自豪吧！”

杜鲁门的母亲微笑着回答：“是这样。不过我还有一个同样出色的儿子，他正在地里干活呢！”

杜鲁门的弟弟是一位农夫，但是母亲并没有认为这个做农夫的儿子是无能的。对她来说，每个孩子都令她感到自豪，无论儿子是总统还是农夫。

当记者去采访杜鲁门的弟弟时，他这样说：“我为哥哥感到骄傲，他将是美国最优秀的总统之一。但我同时也为自己感到骄傲，我是一名农夫，用自己的双手养活了自己，照顾了父母，我也一样优秀！”

杜鲁门弟弟的这种自信都来自母亲平时的赏识。

多给孩子一些赏识，父母应该真诚地欣赏他、赞扬他、信任他、鼓励他。努力挖掘孩子身上的亮点，帮助他们充分树立起自信，让他们在人生的长河中自信自强地一步步迈入成功的殿堂。

教子有方

赏识孩子，要把握好时机。当孩子遇到困难时，当孩子遇到失败时，当孩子不敢尝试新事物、缺乏信心时，父母应该给予鼓励，给他一个拥抱，给他一个微笑，告诉他："你行！我相信你！"有了家长的鼓励，孩子会感到一股强大的力量在支撑着他，从而对自己充满信心。

在中国现行的教育体制下，分数是衡量学生成绩好坏的重要指标，我们不可能在短期内改变这种现实。作为父母，了解孩子不能只通过分数，而应该全面把握孩子分数背后的整体情况。父母关心的应该是孩子这学期是否感到快乐。如果孩子这学期过得特别难，说明他一定是遇到了什么问题。作为父母，应该通过老师、同学侧面地了解一下，不要简单、盲目地责怪他，尽量帮助孩子寻找原因，找到解决问题的方法。

家庭环境对孩子的成长至关重要，"孩子的思想决定行为，行为决定习惯，习惯决定性格，性格决定命运。谁来决定孩子的思想？环境！环境的缔造者是父母。父母首先应该给孩子创造一个健康和谐的家庭环境，这是最基础、最重要的。"

社会需要各种各样的人，孩子不一定都要上名牌大学才能成才。无论怎样，父母都是孩子永远的支持者，应该相信：天生我儿必有用！假如不是少年得志，那也可能是大器晚成！

父母心经

人生不是一帆风顺的，总要经历很多失败和挫折。孩子也一样，当他们努力尝试一件事情的时候，很可能等待他们的并不是成功。当孩子失败和碰壁的时候，父母应该给他们及时的激励，让他们鼓起再试一次的勇气，从而克服困难，获得成功。一句话感动一个人，影响一个人，改变一个人，并不是天方夜谭。

鼓励孩子大胆去尝试

一个人刚来到这个世界上时，什么也不会，他的经验、智慧和能力无不是在挫折中一点点积累起来的。这个过程就像婴儿学步，必须摔过无数跤之后，才可能学会走路。因此，父母要多鼓励孩子去尝试，虽然会有失败，但在挫折中，孩子会收获更多经验，意志力也会不断增强。

案例分享

小文是个内向害羞的女孩，平时也很少主动交朋友，在公共场合更是不敢大声说话。妈妈为小文的内向性格很苦恼，她希望孩子变得自信大方，乐观开朗，但一直不知道该怎么办。

一天，小文放学回家，有点犹豫地跟妈妈说道："妈妈，我们学校举行歌唱比赛，可是我……"

妈妈一听，高兴极了，因为小文虽然比较内向，但是非常喜欢唱歌，经常在家里自己一个人唱。于是便鼓励小文说："文文，妈妈建议你参加，因为妈妈知道，文文唱歌非常好听！”

小文愁眉苦脸地说道：“可是，要在那么多人面前唱歌，我害怕……”

妈妈知道小文的性格，便安慰小文道：“妈妈知道你内向，可是你应该大胆去尝试啊，去挑战自己，妈妈相信你，一定可以的！”

接下来，妈妈又和小文进行了深入的交谈，鼓励小文勇敢去尝试，小文终于答应去试一次。

到了比赛的日子，小文站在台上，刚开始很紧张，可是想到妈妈的鼓励，又看到台下同学们友善的笑脸，终于鼓足勇气开口歌唱……

教子有方

孩子有一种“我是一个大人”的心理，会在某一天把父母牵着他的手放开，独立行走，以显示自己是一个“大人”。孩子的这种心理突出地表现在他对一些陌生的事情跃跃欲试上。比如，孩子看到大人洗衣服、扫院子、提水等，便会主动跑过去帮忙，或者干脆请父母到一边，看他“露一手”。父母这时若是说：“不要逞能，你做还早呢！”孩子的积极性就会被挫伤。

孩子终究是孩子，他们想征服一切，但总是很难如愿。他们难以把衣服洗得干干净净，提水、生炉子也许会惹出一大堆麻烦，有些父母便以此为理由关闭了孩子尝试生活、走向进步的大门。

对此，教育专家向广大父母提出忠告，不能忽视孩子在一些事情上的尝试，尝试的结果即便是失败，那么经过下次、再下次，孩子总会从失败走向成功。因此，看到孩子主动要求做力所能及的事情，父母应该大开绿灯，鼓励孩子不妨一试。孩子若事情做得还可以或基本合格，父母就点点头，笑一笑；做得不好，父母就指点一二，帮一帮。孩子敢于向新目标攀登，敢于对自己的能力提出挑战，是一种弥足珍贵的品质，这会促使他们早日走向成熟。

父母心经

对于正处于人生成长阶段的孩子来说，积极地尝试不同的事情，比什么都重要。当孩子按自己的意愿去尝试一件事情的时候，会竭尽全力地干好，这有利于培养孩子的勇气和耐力。如果家长因为担心孩子干不好而横加干涉，要求孩子按自己的意愿去做，甚至帮孩子去干，那么，孩子很容易形成依赖的心理。

所以，家长要充分相信孩子，当孩子按自己的意愿去做事时，即使最终失败了，孩子也能从失败中得到宝贵的经验和教训，以后遇到挫折困难，也会从容应对。

孩子叛逆期，家长的“自我修养”

身为父母，我们的所作所为也并不都是完美的，也存在许多不足之处，然而，父母总是习惯于盯着孩子的问题不放，却很少去反思自己。想要教育好孩子，父母首先要成为更好的自己，面对孩子，要有自我反思意识，尤其是面对叛逆期的孩子，父母更要提升“自我修养”，和孩子一起成长，一起进步。

家长也要反思自己

案例分享

一天，儿子遇到一道数学题，要爸爸给他讲解，开始爸爸还能耐心地低声细语，可儿子始终不理解。说着说着，爸爸就急了，嗓门也变大了，最后，一摔本子脱口而出：“你怎么这么笨，这么简单的题，你都不会!”儿子睁大眼睛望着爸爸，使劲把泪水憋回去，嘴角开始抽搐。

从孩子呱呱坠地，我们就荣升为父母。在此之前，对于这个神圣的职业我们茫然无知，没上过任何培训课程，没学过如何处理与儿女之间的关系。一位教育学家曾说：从小到大，我们大多数人生活在有连续性的家庭中，对孩子的教育方法会受到上一代人的极大影响，往往将父母用在我们身上的一套，纹丝不动地用在我们的孩子身上。

如果我们反省自己教育孩子的方式，就会发现的确如此。曾经反感过的父母的教育方式，现在却不由自主地用在了解决我们与孩子的矛盾冲突上。

教子有方

有一项研究，通过追踪 200 多个新西兰人，分别在他们 3 岁、5

岁、7 岁、9 岁、13 岁和 15 岁时，记录他们的家庭氛围和受到的养育方式，然后，等到他们做了父母之后，再观察他们和自己的孩子之间的亲子关系。结果显示，母亲在自己原来生活的家庭中所受的养育方式和她们对待自己孩子的方式具有一致性。如儿童中期，在和谐、开放、民主、较少冲突的家庭气氛中长大的女性，对自己的孩子会更温和，更敏感。同样，在青年早期，和父母间相互信任、坦诚相待的女性，做母亲后也会和自己的孩子有这样的依恋关系。

因此，我们今天不光在教育孩子，也在教育孩子的孩子。我们强调教育方法，不仅是保证孩子的心理健康，也是保证子孙后代的心理健康。

一个人的智慧增长得益于“以人为镜”，父母就是一面现成的“镜子”。他们的经验正在被我们继承，他们的过失也可以成为我们的财富，前提就是“反省”。我们不可能成为完美的父母，却可以成为相对理性的父母。

不要低估孩子的学习能力，我们现在的言行举止正在给孩子“上课”。孩子不只是坐在课堂上才在学习，家庭也是他重要的课堂，孩子不但在这儿学会了以后如何做丈夫或妻子，而且学会了以后如何当父母。因此，人生最重要的课程是在家庭课程里培训出来的。

所以，教育孩子，先从改变自己做起，家长若想让孩子面目一新必须先使自己发生变化，要尽可能地剔除自己头脑里的旧框框、旧经验、旧模式、旧做法，采用新思想、新模式、新做法。

比如，下面一些错误的教育方法，父母应该抛弃。

1. 训斥、打骂式：训斥打骂都可能使孩子产生逆反心理，不仅不会使孩子的成绩提高，而且会使孩子更加厌学，甚至逃学。

2. 数落式：有的唠叨式同时就是数落式。有的父母总是数落孩子，你怎么不用功？你怎么这样？数落比唠叨更恶劣，因为数落常常有谴责性质。数落式家教往往破坏孩子的学习状态，把孩子学习的积极性给压制了。

3. 唠叨式：很多孩子说，一听父母唠叨他就烦。做父母的不妨自己想想，如果夫妻之间总是唠叨，那你们烦不烦？做丈夫的唠叨，妻子烦；做妻子的唠叨，丈夫烦。因此，唠叨式是愚蠢的家教方式之一。

4. 包办、陪读式：对于孩子的学习，家长都替他操心，问长问短，没完没了地辅导，一天到晚陪着孩子学习，这也是错误的方法。

5. 操心式：老为孩子操心，所以也叫操心式。父母的面孔对孩子是有很大的影响的。一个孩子回到家里，如果面对的是一张数落自己的脸，一张唠叨的脸，一张训斥的脸，一张打骂的脸，一张愁苦的脸，一张拉长的脸，一张催促的脸，孩子就会从根本上失去在家庭中学习的乐趣。

6. 达标式：规定孩子下次考试平均成绩必须达到多少分，要进入前几名，这叫达标式。达标式也是伤害孩子积极性的一种家教方式。先给孩子制定了一个标准，使孩子在心理上特别紧张，担心达不了标。而孩子往往是越担心越达不到标准，因为心理上的压力使他很难自由发挥，也很难发挥出应有的水平。

7. 催促式："你该做作业了，你该复习了。"这样的催促如果孩子听烦了，他们可能会说："我本来想学，你一催我反而不想学了。"

8. 疲劳式：学校搞题海战术，家长再增加学习时间，学习题目，这就是疲劳式教育。孩子的精力是有限的，超负荷学习会给孩子的身心健康带来伤害，最终只能是欲速则不达。

父母心经

教育孩子的实质是教育自己，而自我教育则是父母影响孩子最有力的办法。对于孩子而言，家中的氛围主要取决于父母的情感，而家就是最好的指示器，它能指示出孩子的生活状态。所以，要想教育好孩子，就要先改变自己，不断地反思自己，与时俱进，和孩子一起成长。

不妨做个"懒"妈妈

很多家长问孩子会自己学习吗？答案肯定是会的。而不少孩子之所

以不喜欢在家呆着，很大原因是爸爸妈妈过于勤快，天天逼着他学习。家长这样勤奋地让孩子学习的理由很简单——孩子自己不会主动学习。其实，对孩子的学习来说，做父母的不要操心太多，更不要像个“奶妈”似的勤抓狠管，我们必须从培养孩子的学习主动性和增强学习动力入手，让孩子喜欢学习，让孩子有动力去学习，这样，孩子就会自动自发地想学、爱学。

案例分享

暑假要结束了，还有两天就要开学了，可是，文文还在赶写作业。

妈妈说：“文文，你做事总是这么拖拉，这么长时间都不想着写作业，要开学了才想起挑灯夜战。”

文文委屈地哭了：“暑假报了好几个培训班，我哪有时间写作业？如果完不成作业，肯定要挨老师批评了！”

妈妈正在唠叨着，奶奶来了。

“也不知道为什么，这孩子做作业总是不能自觉主动。”奶奶抱怨说，“经常是 20 分钟的作业，非得磨蹭 1 个小时才完成。”奶奶跟妈妈说，平时孩子做作业，经常是边看课外书边写作业，没坐两分钟就嚷嚷着要喝水、上厕所。

妈妈向文文的班主任咨询文文的情况。老师说：“文文在学校表现不错，各科成绩很好，总是能按时完成作业。”

从文文和妈妈的故事中，我们可以看出，为什么文文在家里总把写作业一拖再拖，学习没有主动性，原因就是文文的妈妈给文文布置的家庭作业太多了，导致文文不敢公然反抗妈妈的命令，只好对学习采取拖沓的态度，这样，学习的自觉性和主动性当然就差了。

教子有方

在现实生活中，像文文这样的情况在孩子身上很常见。不知有多少家长都在抱怨：“孩子在家做作业总是磨蹭，学习没有主动性，家长催一催，孩子动一动，急得家长恨不得揍孩子一顿。”

1. 激发孩子的学习兴趣

孩子学习习惯的养成，得益于培养孩子对学习产生良好的兴趣。作为父母，我们不要把孩子培养成学习的机器，而要让孩子从小对学习有兴趣，这既能让家庭教育变得轻松，又能使孩子终生受益。

孩子觉得学习好玩，对学习感兴趣，学习就会成为一件轻松快乐的事情。妈妈要想让孩子主动学习，关键是要培养孩子的学习兴趣，要让孩子觉得学习“好玩”、对学习感兴趣，让学习变成孩子的一种需要。

对孩子来说，学习知识当然重要，可孩子是一个独立的个体，不是家长说什么孩子就会去做什么，孩子必须通过自己的头脑来观察、思考和吸收，知识和经验也必须通过他自己的努力才能得到，妈妈就是要善于引导孩子去发现知识中的奥秘，让孩子对学习产生兴趣。

2. 不对孩子期望过高

每个父母对自己的孩子都有期望，这无可厚非。但是，如果父母对孩子的期望值过高，会造成孩子过大的心理压力，不利于孩子自觉自愿地学习，尤其是那些比较听话的孩子，他们生怕辜负了父母的关爱、对不起父母，担心考不好无法面对父母。过于担心学不好往往导致的结果就是学不好。每当考试的时候，孩子就更加紧张，不能轻松自如地投入考试。结果越考越差。这样会使孩子越来越失去信心，产生自卑心理，对孩子的健康成长和学习兴趣都是极大的伤害。

父母心经

作为家长，担心孩子的学业和前程的心情是可以理解的，但是，孩子的学习，有其自身的发展规律，一味的担心或者督促，结果只能是事与愿违。所以，家长对待孩子的学习态度要理性一些，教育孩子的方法更应科学一些，让孩子的学习变得更轻松一些。

向孩子心中的“理想父母”迈进

案例分享

所有父母都希望给孩子最好的照顾与成长环境，都希望成为孩子心目中的理想父母，对孩子的爱是那么的纯洁和无私，在前所未有的爱意中浸泡的孩子，是否感到莫大的幸福、对自己的父母感觉到满意了呢？

一位学者为寻找答案对孩子做了相关调查，调查结果让这位学者大为惊讶，几乎所有被调查的孩子都撇嘴说：“不，我没觉着谁爱我。”

学者循循善诱，对孩子们说：“你看，妈妈工作那么忙，还要给你洗衣、做饭、照顾你，爸爸在外面挣钱养家，多不容易！他们是很爱你们的……”孩子们不以为意地说：“那算什么呀！他们应该的。我以后做了爸爸妈妈也会这样。”

学者又问孩子：“那你们什么时候感到别人是爱你们的呢？”

“我帮妈妈买醋，她看我没打碎瓶子，也没洒了醋，就说，闺女能帮妈妈干活了……我特高兴，从那会儿，我知道她是爱我的。”翘辫女孩说。

“我爸爸下班回来，我给他倒了一杯水，因为我们刚在幼儿园里学了一首歌，歌里说的是给妈妈倒水，可我妈妈还没有回来呢，我就先给

爸爸倒了。爸爸只说了一句，好孩子……就流泪了。从那次起，我知道他是爱我的。”光头小男孩说。

“我给奶奶耳朵上夹了一朵花，要是别人，她才不让呢，马上就得揪下来。可我夹的花，奶奶一直戴着，见着人就说：‘看，这是我孙女打扮我呢……’我知道她是最爱我的……”另一个女孩说。

怎样才能成为孩子心目中的理想父母呢？答案似乎已经很明确了，首先要让孩子感觉到你对他的爱，其次还要进一步了解孩子的心理与需要，在孩子需要父母时，可以提供及时的爱与支持。

教子有方

1. 温和可亲不打骂

一般的父母仍存有“棍棒底下出孝子”等传统的观念。认为教养孩子严格，才能培养出有礼貌的孩子，殊不知，打骂式教育足以培养出阳奉阴违的孩子。表面上服从父母，其实是口服心不服。

其次，经常被打骂的孩子容易脾气暴躁、有攻击行为出现。孩子犯错之后，父母要教给孩子的是如何辨别是非对错的思考能力，而不是怒骂责罚的发泄方式。孩子希望父母有容许他偶尔犯错的雅量，并给孩子将功补过的机会。

2. 以身作则好榜样

一位小朋友在谈到自己心目中理想的父母时这样说：

我心目中理想的家长应该是以身作则、为我们树立榜样的家长。您在单位努力工作，我们在校也会努力学习；您和邻居友好相处，我们在学校也会团结同学；您在家温和体贴，我们也知道关心他人；您遇事不急不躁，我们也能学会处世冷静；您谈吐幽默智慧大度，我们也能学会开朗活泼，学有所长。现在学校正在开展素质教育，今后社会上需要多方面的人才，我们希望自己拥有良好的成绩，健康的体魄，健全的人格。所以也希望家长能够经常带我们跑步，打球，看望爷爷奶奶、姥姥姥爷，经常带我们参加公益活动，和我们一起看课外读物，我们就一定会有巨大的进步，给您带来意想不到的惊喜。总之，身教胜于言传，爸爸妈妈给我们带个好头，做个榜样。这就是我心目中最理想的爸爸妈妈。

3. 多陪孩子一起玩

理想的父母懂得随时抽空陪孩子玩。因为陪孩子玩不但可以联络感情，培养亲情，而且可建立孩子对父母的信任，增进亲子间的沟通。其次，在玩的过程中可了解孩子的心事、想法、对父母的观感、生活中遇到的挫折与困难等，有助于了解孩子。陪孩子玩还可发展出共同的兴趣，陶冶孩子的心性，协助孩子发挥自主性、增强创造能力、增进想象力。

4. 给孩子独立做事的机会

只要是孩子能力范围可及的事，尽量由孩子自己动手处理，除非孩子需要父母帮忙，否则不要事事代劳，剥夺孩子学习的机会与自我实现的成就感。在孩子完成一件事时，除了验收成果之外，更不要忘了多予以称赞鼓励。

5. 感情和睦氛围好

理想的父母不会在孩子面前争吵打架、说脏话、批评他人、只会命令指挥从不以身作则。夫妻感情融洽，营造良好的家庭生活气氛，让孩子视家庭为生活的保障与避风港。爱将全家人紧紧地结合在一起，有了爱，生命才显得伟大；有了爱，生活才有了意义。

6. 不强迫孩子吃饭

孩子不吃饭虽然是一件令人厌恶的事，但理想的父母应该了解孩子的生理状况，视孩子的生理状况合理安排饮食，不要勉强孩子把饭吃完，造成亲子间的紧张关系。

7. 不伤害孩子的自尊

虽然孩子的缺点不少，但父母应给孩子适当的自尊心，避免在他人面前指出孩子的缺点，批评孩子的不是，让孩子在他人面前下不了台，丧失自尊心。

父母心经

理想父母懂得凡事倾听、凡事商量的道理。平日不管有多忙，只要孩子有需求，都应停下来听孩子说话，了解孩子的想法、尊重孩子的意见。

正如每个孩子个性都不同一样，每个父母也各有自己的特性，所以要达到理想状态很难，尽力而为吧。“坐而言，不如起而行”，让我们互勉，共同成为理想父母！

慎重介入孩子之间的“冲突”

孩子之间发生争吵、打架是常有的事情。打架自然不是什么好事情，但在孩子间的交往、游戏中几乎又是难以避免的，无论做父母的再三告诫也好，训斥也好，效果都不明显。因为孩子毕竟是孩子，他们缺乏与他人相处的经验，思维简单，感情直接表露，自我抑制能力有限，一发生冲突便互相施以拳脚。

案例分享

小丽、小文和小华在后院的体育场上玩捉人游戏，小丽的父亲在家里听见她们在嚷：“骗子！”

“我说过时间到了！”

“这是骗人的！”

“哦，没错，你是个骗子！”

小丽的父亲到了后院，小丽瞪了小文一眼，告诉父亲：“她认为她能按自己的意愿制定所有的游戏规则！”

“你们在开始玩游戏之前没有就游戏规则达成一致意见吗？”小丽的父亲问道。

“没有。”小丽回答。

“那么，这也许就是你们产生矛盾的原因。先花几分钟制定一些大家都同意的公平的游戏规则吧。你们认为如何？”

就这样孩子之间的冲突被化解了。

教子有方

在孩子之间发生争执时，其中多数情况父母是不用担心的，但是这些争执可能伤害孩子和他们的父母的感情。当孩子们发生冲突时，家长常常感到为难：即便错在别的孩子，如果去批评他，也显得自己“护犊子”；如果不分青红皂白，总批评自己的孩子，又会委屈他。一旦遇到这种情况，家长可以借鉴以下几种方法。

1. 不要把自己的意愿强加给孩子

对于孩子来说，他们在一起发生冲突是随时都可能的。打人、推人对他们来说不仅仅是维护自身利益的一种条件反射，更是他们游戏的一部分。我们经常看到小伙伴之间刚刚还打得哭哭啼啼，一转眼就前嫌尽释，玩在一起了。这是因为孩子有自己与朋友相处的规则，也许是成人无法理解的，但是成人还是应该尊重他们的游戏规则，让他们在游戏中用自己的方式与对方“谈判”和解，达成他们自己的目的。

即使是自己的孩子在冲突中明显地“吃亏”了，那也是很正常的事情。孩子吃了亏，会很快地调整自己的情绪，以另外一种心情继续投入游戏。这种经历也会让他明白自己周围的环境并非那么纯洁，这也是培养他社会适应能力的一个好机会。此外，当孩子与其他孩子抢夺玩具时，父母不要以成人的礼貌强迫他放弃自己心爱的玩具，那样会让孩子迷惑不解，甚至非常伤心，让孩子有机会捍卫自己的权利，这也是社会交往的一个基本原则。

2. 帮助孩子开动脑筋，讨论解决问题

孩子可能是在没有别的解决办法的情况下争执起来的，父母给他们些体贴入微的提醒是会有所帮助的。

有时，家长可以运用公平的方法迅速地解决发生在孩子中间的许多冲突。比如，5 岁的布雷想和他 10 岁的哥哥约翰在开饭前一起玩半小时，但约翰想要一点属于自己的“私人时间”，于是他们发生了争论。

父亲从中做了简短的调解后，他们达成了这样的公平协议：一起玩 15 分钟，剩下 15 分钟作为私人时间。

3. 不做孩子的审判官

孩子间的冲突，从另一种意义上看又是特别的人生教育。在冲突中，孩子必然会直接感受到自己与别人的差异，认识自己，也认识别人。孩子间的冲突，一般而言对身体不会有大的伤害，重要的是孩子可以在经受对抗、较量与失望后，学会如何坚持自己的立场，拒绝别人的压力。但家长切不可鼓励孩子加剧冲突，而应及时地引导孩子与朋友友好相处，教导他首先检讨一下自己，有责任就要承担。孩子有委屈，想报复，若不是原则性的问题，可教导孩子学会原谅宽容别人，培养豁达开朗的胸怀。

对于一般的冲突，家长不要做审判官，更不要做自己孩子的保护神，居中适当调停就是最好的选择。过多的干预会干扰、破坏孩子间的交往，甚至会使孩子失去朋友。只有当你的孩子总是处在被欺侮或欺侮人的位置上时，你才必须给予他特别的帮助。

父母心经

在孩子与他人产生冲突的问题上，家长应遵循一点原则：给孩子们解决自己问题的机会和空间，避免武断地介入孩子们的冲突。有些孩子自己挑起了和哥哥姐姐或朋友的争斗，结果却受伤了，接着又扮演了一个无辜者的角色向父母告状，这时家长应警惕，不要被这样的孩子所蒙骗。因此，家长要运用自己的判断力，准确地判断何时应远离孩子的纠纷，何时又该介入孩子的纠纷。假如孩子们在解决他们之间的冲突时确实很费劲，家长提供一种选择或给他们提出一些建议，就可能有助于冲突的和平解决。